I0433976

PC CD-ROM

Das erfolgreiche Geschäft mit Neuheiten & Trendartikeln

Komplettes Existenzgründerkonzept

GRAB A COLDIE

EUR 19.90

MWM-Verlag

Das Neuheiten- & Trendartikelgeschäft

Copyright © 2006 Markus Wilde Media

Alle Rechte vorbehalten. Vervielfältigungen, auch auszugsweise, nur mit schriftlicher Genehmigung des Verlags bzw. Autors.

Gestaltung, Satz & Lektorat: Markus Wilde

Verlag: WILDE*MEDIA, Altenstadt/Hessen

www.wilde-media.de.vu

Die Inhalte dieses Buches wurden mit größter Sorgfalt erstellt. Trotzdem können weder Autor noch Verlag für eventuelle Verluste oder Nachteile, die durch die Anwendung dieser Informationen entstehen, haftbar gemacht werden.

Inhalt

DAS NEUHEITEN- & TRENDARTIKELGESCHÄFT – DIE GESCHÄFTSIDEE 5
SO SPÜREN SIE NEUHEITEN & TRENDARTIKEL FRÜHZEITIG AUF 6
   Fachmessen 7
   Zeitschriften 8
   Herstellerkataloge 9
   Andere Quellen für Neuheiten 21
DER WARENEINKAUF IM IN- UND AUSLAND 23
ALLES ÜBER DEN VERTRIEB VON NEUHEITEN UND TRENDARTIKELN 31
   Groß- oder Einzelhandel? 35
   Auch Informationen über Neuheiten lassen sich verkaufen! 39
   Die Geldquelle - Ihr eigener Neuheiten-Infodienst! 41
ANHANG: BEZUGSQUELLEN FÜR NEUHEITEN & TRENDARTIKEL IN
DEUTSCHLAND, EUROPA & USA 43

2. DURCHFÜHRUNG DER EXISTENZGRÜNDUNG 49
   2.1 EINE GRÜNDUNG – VIELE FRAGEN 50

3. VORAUSSETZUNGEN FÜR DEN START IN DIE SELBSTSTÄNDIGKEIT 52
   3.1 PERSÖNLICHE VORAUSSETZUNGEN – POWER-TYP? 52
   3.2 MATERIELLE & FINANZIELLE VORAUSSETZUNGEN 53
      3.2.1 Wenn das Eigenkapital nicht ausreicht 54
      3.2.2 Kredite für Existenzgründer 54
      Der Businessplan – grundlegend wichtig! 55
      Staatliche Fördermaßnahmen und – programme. So kommen Sie an's Geld! 55
      3.2.3 Exkurs: Günstige Kredite aus der Schweiz und Luxemburg – ein Geheimtipp! 56

4. DIE FIRMENGRÜNDUNG 63
   4.1 DIE RICHTIGE RECHTSFORM WÄHLEN 63
   4.2 DIE GEWERBEANMELDUNG – JETZT GEHTS LOS! 64
   4.3 WAS KOMMT NACH DER GEWERBEANMELDUNG? 65
      4.3.1 Das Finanzamt 65
      4.3.2 Die Industrie- und Handelskammer 66
      4.3.3 Berufsgenossenschaften 67

5. DIE BETRIEBLICHE BUCHFÜHRUNG – GANZ LEICHT! 68
   5.1 DER EINFACHE WEG ZUR KORREKTEN BUCHFÜHRUNG 68

5.2 DIE GEEIGNETE BUCHHALTUNGSSOFTWARE – VÖLLIG KOSTENLOS!......70
5.3 STEUERN – MACHEN SIE ES SICH LEICHT!...71
  5.3.1 Umsatzsteuer (Mehrwertsteuer)... 71
  5.3.2 Einkommenssteuer.. 72
  5.3.3 Gewerbesteuer.. 73
5.4 VERSICHERUNGEN – SO VIEL SICHERHEIT BRAUCHEN SIE 73
  5.4.1 Private Versicherungen 74
  5.4.2 Betriebliche Versicherungen... 77

6. MARKETING – UNTERWEGS IN EIGENER SACHE 79
  6.1 2250 INTERNETADRESSEN FÜR KOSTENLOSE KLEINANZEIGEN 79
  6.2 WERBUNG IN ZEITUNGEN UND ZEITSCHRIFTEN...................................143
  6.3 DIREKTMARKETING – KOSTENGÜNSTIG UND EFFEKTIV 160
  6.4 EINE KOSTENLOSE HOMEPAGE ERSTELLEN – SO GEHTS! 160
  6.5 EINEN KOSTENLOSEN WEBSHOP ERSTELLEN – SCHNELL UND EINFACH!
  161
  6.6 EINTRÄGE IN SUCHMASCHINEN – SEHR WICHTIG! 162
  6.7 EINTRÄGE IN LINKLISTEN..163
  6.8 SO KOMMEN SIE AN KUNDENADRESSEN...164
  6.9 ALLES ÜBER CO-MAILING 165
    6.9.1 So sollten Angebotsprospekte aussehen 166
  6.10 KOSTENLOS UND EFFEKTIV WERBEN! 170
    6.10.1 Kostenlose Zeitungswerbung... 171
    6.10.2 Werden Sie selbst Verleger! 178
    6.10.3 Lukrativer Anzeigentausch 180
    6.10.4 Drehen Sie an der Werbespirale! 181
    6.10.5 Kostenlose Prospektwerbung mit Provisions-Prospekten 182
    6.10.6 Ideen zur Verbreitung von Werbemedien................................. 184
    6.10.7 Gratiswerbung im Ausland... 185
    6.10.8 Telefonwerbung 190
    6.10.9 Werbung per CD-ROM... 191
    6.10.10 Werben durch Empfehlungen... 192
    6.10.11 Kostenlose Werbung in Rundfunk und Fernsehen 194
    6.10.12 Werbung auf Anschlagtafeln.. 200
    6.10.13 Nutzen Sie auch das Auto als Werbemedium......................... 201
    6.10.14 Zeitungen für kostenlose Privatanzeigen 203

7. DIE 7 SCHRITTE ZUM GELD. WIE SIE IN KÜRZESTER ZEIT EIN TOP-GESCHÄFT AUFBAUEN **210**

Das Neuheiten- & Trendartikelgeschäft – Die Geschäftsidee

Bekannte Markenprodukte hatten früher ein langes Leben. Heute, in unserer schnelllebigen Zeit, hat sich da manches geändert. Was gestern noch unter dem Motto "Und läuft und läuft ..." angeboten werden konnte, muss heute nicht selten bereits nach kurzer Zeit mit einem neuen Namen versehen werden oder als Produkt den Zusatz XY bekommen, wenn der Hersteller gegenüber der Konkurrenz bestehen will.

Alles, was neu ist, passt in unsere Zeit. Man macht Mode für "Leute von heute", schafft Pflegemittel und technische Geräte für die "Frau von morgen" und erweckt hier und da mit einem phantasievollen Namen den Eindruck, dass man bereits seiner Zeit weit voraus ist. Zwar ist das Wort Neuheit längst ein alter Hut, wie es einmal ein Werbemanager ausdrückte.

Dessen ungeachtet hat "Neuheit" aber immer noch psychologische Zugkraft. Ganze Industriezweige, Heere von Erfindern, Konstrukteuren und Technikern tun nichts anderes, als nach immer wieder neuen Produkten zu forschen, sie zu entwickeln und dem Neuheiten hungrigen Publikum vorzustellen.

Man fragt sich unwillkürlich, wie lange das noch gut gehen kann. Denn rein rechnerisch müsste irgendwann einmal ein Sättigungspunkt erreicht sein, wo man nichts Neues mehr erfinden und produzieren kann. Doch dem ist nicht so.

Das Neuheiten- & Trendartikelgeschäft

Jährlich werden in aller Welt Zehntausende von Artikeln neu entwickelt oder als Weiterentwicklungen von bereits bestehenden Produkten hergestellt. Nur ein verschwindend kleiner Bruchteil davon wird uns überhaupt bekannt. Einige Artikel kommen nur kurz auf den Markt, andere leben ein bis zwei Jahre, und wieder andere werden dann zu langlebigen Verkaufsrennern. Diese letzteren aufzuspüren, sie unters Volk zu bringen und massenhaft umzusetzen, bringt erst den eigentlichen Gewinn.

Hier allerdings hapert es bei vielen Geschäftsleuten. Wie soll man sich die Anziehungskraft neuer Produkte zunutze machen, wenn man nicht weiß, wer die geeigneten Produkte herstellt und wie man daran kommt? Dabei ist das gar nicht so schwierig, wie es auf den ersten Blick aussieht. Es bedarf dazu nur einiger Gewusst wie- und Gewusst Wo-Informationen, über die wir uns im nachfolgenden eingehend unterhalten wollen. Außerdem soll einmal aufgezeigt werden, wie man sich mit Neuheiten tatsächlich ein "Bombengeschäft" und einen dementsprechenden Umsatz schafft.

So spüren Sie Neuheiten & Trendartikel frühzeitig auf

Stellen Sie sich einmal vor, Sie hätten soeben ein neues Produkt entwickelt und möchten es bekannt machen. Wie und wo würden Sie das tun? Es gibt dafür mehrere Möglichkeiten:

1. Sie mieten einen Stand auf einer Fachmesse und stellen dort, wo die Wiederverkäufer suchend durch die Anbieterreihen gehen, Ihr Produkt vor.

2. Sie geben ein Inserat in einer Fachzeitung auf und offerieren den Lesern, dass sie das besagte Produkt bei Ihnen kaufen können. Wenn der neu entwickelte Artikel von Menschen in aller

Welt zu verwenden ist, werden Sie gegebenenfalls auch auf internationaler Basis inserieren.

Fachmessen

Sehen Sie, und genau dort müssen Sie auch nach Neuheiten suchen! Auf Fachmessen im In- und Ausland und in Fachzeitschriften. Hierdurch grenzen Sie den Bereich ab, für den Sie sich interessieren und für den Sie neue Erzeugnisse zu finden hoffen.

Wünschen Sie Kontakte mit Herstellern von Spielsachen, werden Sie bestimmt nicht auf einer Textilwaren-Messe danach suchen. Und sollen elektronische Neuheiten für einen vermehrten Kundenzustrom sorgen, darf man sich nicht auf der Boots-Ausstellung umsehen.

Damit man sich aber von Anfang an gleich richtig orientiert, sollte man sich eines Informations-Mediums bedienen. Zwar geben die Messeleitungen in Deutschland und aller Welt Jahrespläne mit den Terminen der nächsten Messen und Ausstellungen bekannt, aber ausführlicher steht das in dem M + A Kalender vom Messe- und Ausstellungskontor Otto Müller, Postfach 3745, 60318 Frankfurt.

Dieses Werk wird zweimal im Jahr herausgegeben und enthält auf ca. 500 DIN A4-Seiten die Termine der Ausstellungen und Warenmessen auf der ganzen Welt, sowie die Adressen der zuständigen Messeleitungen, Veranstalter und Verbände. Der Preis für den Katalog liegt bei 25 €. Er ist aber auch im Abonnement mit monatlichen Nachträgen zu beziehen.

Mit Hilfe des M + A Kalenders können Sie also genau feststellen, welche Messen für Sie interessant sein können. Am besten ist es dann, diese Messen aufzusuchen oder sich zumindest einen Aussteller-Katalog schicken zu lassen. Für eine persönliche

Das Neuheiten- & Trendartikelgeschäft

Kontaktaufnahme mit den Anbietern wird jedoch ein Besuch der Messe unumgänglich sein.

Wenn Sie sich noch nicht so recht schlüssig sind, welche Produkte in Ihr Verkaufsprogramm passen könnten, wäre ein Besuch auf der Nürnberger Erfindermesse zu erwägen. Sie findet unter der Bezeichnung IENA 20.. statt und bietet jeweils 150 bis 200 Erfindern die Möglichkeit, ihre Arbeiten vorzustellen.

Weiterführende Auskünfte über die genauen Messe-Daten erhalten Sie entweder von der Messeleitung - AFAG-Ausstellungen, IENA, Messezentrum, 90471 Nürnberg, oder vom Deutschen Erfinderverband e.V., Hallplatz 23-25, 90402 Nürnberg, sowie vom Deutschen Erfinderring e.V., Schlegelstrasse 25, 90491 Nürnberg.

In dem zur Messe ausgegebenen Ausstellerkatalog sind alle Erfinder mit ihren Erfindungen und der vollen Anschrift angegeben. Der Katalog wird auf Wunsch gegen einen Unkostenbeitrag zugesandt.

Zeitschriften

Für eine schriftliche Kontaktaufnahme mit Neuheiten-Produzenten genügt es meistens, sich über entsprechende Fachzeitschriften und den dort erscheinenden Firmenangeboten zu informieren.

Eine Zusammenstellung dieser Fachzeitschriften sowie der gesamten Presse aus dem deutschsprachigen und ausländischen Raum finden Sie im "STAMM-Leitfaden durch die Presse und Werbung". Sie können das umfangreiche Werk direkt anfordern beim STAMM-Verlag GmbH, Goldammerweg 16, 45134 Essen (Preis: ca. 50 €) oder in Ihrer nächsten Industrie- und Handelskammer-Bibliothek danach fragen. Dort ist das Einsehen und Herausschreiben geeigneter Adressen nämlich kostenlos.

Das Neuheiten- & Trendartikelgeschäft

In folgenden Publikationen werden ständig neue Produkte durch Anzeigenwerbung und Verlagsbeschreibung vorgestellt:

Handels-Magazin

Postfach 4707, 30179 Hannover (Anzeigenblatt)

Zentralmarkt

Postfach 6560, 98080 Würzburg (Anzeigenblatt)

Werbeartikelberater

Postfach 6740, 97082 Würzburg (Geschenkartikel)

Bereits in diesen wenigen ausgewählten Publikationen finden Sie eine Anzahl Artikel, die noch nicht bekannt sind und für die die Hersteller Wiederverkäufer suchen. Manche der Produkte eignen sich für den Ladenverkauf, andere lassen sich sogar über den Versandhandel anbieten.

Viele der gängigsten Verkaufsprodukte kamen in den letzten Jahren zunehmend aus Hongkong, Japan, Taiwan oder den USA. Länder wie Korea, Singapur, Indien und Thailand sind darüber hinaus daran interessiert, mit uns Europäern vermehrt ins Geschäft zu kommen. Zur Intensivierung des Handels vermitteln die Kontaktstellen der ausländischen Regierungen und Herstellervereinigungen teilweise kostenlos entsprechende Verbindungen.

Herstellerkataloge

In jedem Land gibt es Verlage, die Hersteller- und Lieferquellenverzeichnisse für Neuheiten und Waren aller Art drucken und verkaufen. Dass es darüber hinaus aber auch mehrere Anschriften gibt, bei denen man kostenlose Herstellerkataloge erhält, ist nicht jedem bekannt.

Interessierte Firmen erhalten dort auf Anfrage "Directories" und "Guides" mit bis zu 500 (und teilweise mehr) Farbseiten voller Firmenangebote. Wichtig für die Anforderung dieser Herstellerverzeichnisse ist jedoch, dass man für sein Anschreiben einen gedruckten Geschäftsbriefbogen verwendet, aus dem hervorgeht, dass man Importeur, Grosshändler oder Einzelhändler ist, und ausserdem den Text möglichst in englischer Sprache abfasst.

Eine kurze Anfrage könnte folgendermassen aussehen:

Ihr gedruckter Firmen-Briefkopf mit Name, Anschrift und Telefon-Nummer

(Empfängeradresse)

Dear Sirs,

We are interested in trade contacts with manufacturers and exporters of general merchandises from your country.

Therefore, we would appreciate if you could send us your recent (new) manufacturers/exporters directory.

Hoping for your reply as soon as possible. Thank you!

Yours sincerely

(Unterschrift)

Zu Deutsch etwa:

Sehr geehrte Herren,

Das Neuheiten- & Trendartikelgeschäft

wir sind an Handelskontakten mit Herstellern und Exporteuren für Waren aller Art aus Ihrem Land interessiert. Deshalb würden wir es sehr begrüssen, wenn Sie uns Ihren letzten (neuesten) Hersteller-/Exporteur-Katalog zusenden könnten.

Für Ihre baldige Antwort bedanken wir uns bestens.

Mit freundlichen Grüssen

(Unterschrift)

Schicken Sie Ihren Brief dann an eine oder alle der folgenden Adressen:

Hong Kong Trade Development Council

Connaught Centre, 1 Connaught Place, Hong Kong

(Herausgeber des mehrere hundert Seiten umfassenden Hersteller-Katalogs "Hong Kong-Enterprise")

Tokyo Foreign Trade Association

Tokyo Trade Center, 1-3, 1-chome, Ohte-machi, Chiyoda-ku, Tokyo, Japan

(Herausgeber des "Buyers' Guide of Tokyo")

Osaka Municipal Information Center for Business and Trade

1st Floor, Sember Center Bldg., 2-gokan, 4, Semba-chuo, Higashi-ku, Osaka, Japan

Das Neuheiten- & Trendartikelgeschäft

(Herausgeber des "Trade Center Osaka")

Foreign Trade Communications

P.O. Box 164, Kobe, Japan

(Herausgeber des "Western Japan Trade Guide")

Chambers of Commerce

Nihondori-kak-ku, Yokohama, Japan

(Herausgeber des "Yokohama Trade Report")

Kyoto Trade Association

P.O. Box 27, Magagyo, Kyoto, Japan

(Herausgeber des "Trade Guide Kyoto")

Nagoya Chamber of Commerce

Oike-cho, Naka-ku, Nagoya, Japan

(Herausgeber des "Trade Guide Nagoya")

Singapore International Chamber of Commerce

4th Floor, Denmark House, Republic of Singapore

(Herausgeber des Katalogs "Showcase")

Das Neuheiten- & Trendartikelgeschäft

Chamber of Commerce

22, Hankow Street, 1st Sec., Taipei, Taiwan

(Herausgeber mehrerer Publikationen und Informationen)

Musterexemplare folgender interessanter Handelszeitschriften aus Taiwan werden ebenfalls auf Anfrage kostenlos zugesandt:

Asia Business Weekly

Room 10-4, Chouwoo Tun, Nan Bldg., 57, Tun Hua S. Road, Taipei, Taiwan

Business Star

4th Floor, 1-1, Alley 9, Lane 31,Jen Ai Road, Sec. 3, Tapei, Taiwan

Taiwan Buyer's Guide

4th Floor, 3-1 Lane, 135 Shian Men Street, Taipei, Taiwan

Gift & Housewares Accessories

P.O. Box 34-23, Taipei, Taiwan

Taiwan Housewares & Gifts

P.O. Box 68-1019, Taipei, Taiwan

Das Neuheiten- & Trendartikelgeschäft

UE Weekly - The Universal Enterprise

P.O. Box 44-143, Taipei, Taiwan

Golden Trade

P.O. Box 53-1000, 5th Fl., No. 96, Chung Hsiao E. Road, Sec. 3, Taipei, Taiwan

IBS Publications Ltd.

P.O. Box 55-879, 5th Fl., No. 317, Sung Chiang Road, Taipei, Taiwan (verschiedene Publikationen)

Trade Media Ltd.

P.O. Box 1786, Kowloon Central Post Office, Hong Kong

(Herausgeber der über 300 Seiten starken Magazine: Electronics, Timepieces, Components, Hardwares, Gifts & Home, Toys & Sporting Goods, Garments & Accessories mit Angeboten aus Hongkong, Japan, Taiwan und Korea)

Trade Winds

P.O. Box 7-179, Taipei, Taiwan

(über 100 Colorseiten)

Das Neuheiten- & Trendartikelgeschäft

Taiwan International Trade

P.O. Box 68-1019, Taipei, Taiwan

(im gleichen Verlag erscheint auch "Taiwan Gifts" mit 200 Seiten)

ENW - Export News Weekly

P.O. Box 46-613, Taipei, Taiwan

Taiwan Trade Bulletin

B Rm. 9 Fl., No. 149 Anho Road, Taipei, Taiwan

Taiwan Merchandise, China Econcomic News Service (CENS), 555 Chunghsia East Road, Sec.4, Taipei, Taiwan

Taiwan Products Guidance,

Trade Guidance Publishing Center 5, Chung 12th Road, 2-1

Street Shilin, P.O. Box 68-855, Taipei, Taiwan

Taiwan Yellow Pages bi-weekly

Taiwan Yellow Pages Corp., Ste. 1A, Republic Tower, 34 Lane 369, Tun Hwa S. Road, P.O. Box 84-84, Taipei, Taiwan

Das Neuheiten- & Trendartikelgeschäft

Kontaktadressen in anderen Ländern, über die kostenlose Herstellerverzeichnisse zu beziehen sind:

Buyer's Guide - Korea Merchandise

Korea Inspection Center for General Merchandise,

Gwang Wha Moon, P.O. Box 246, Seoul, Korea

(260-Seiten Farbkatalog)

Export Promotion Bureau

Al-Chamber 122-124, Motihell Commercial Area, Dacca, Bangladesh

Trade Development Authority of India

Bank of Baroda Bldg., 16 Parliament St., P.O. Box 767, New Delhi 110 001, Indien

NAFED - National Agency for Export Development

6th Fl., Sarinah Bldg., 11, Jal.M.H-.Thamrin, Jakarta, Indonesien

Department of Commerce

Das Neuheiten- & Trendartikelgeschäft

P.O.Box 1507, Galle Face Courts 2, Colombo 3, Sri Lanka/Ceylon

Europäische Kontaktadressen:

KRAK - Publishers

17, Nytorv, DK-1450 Kopenhagen, Dänemark, oder

Federation of Danish Industries, 20, Aldersrogade, DK-2200 Kopenhagen N

(Herausgeber des Dänischen Exporthandbuches "Export Directory of Denmark" mit ca. 1300 Seiten!)

Swedish Export Council

P.O. Box 5513, S-114 85 Stockholm, Schweden

(Herausgeber des "Swedish Export Directory" mit ca. 700 Seiten!)

EPNC - Empressa Publica dos Jornais Noticias e Capital

Avenida da Liberdade No. 266, P.O. Box 2346, Lisboa/Lissabon 2, Portugal

(Herausgeber des Katalogs "Portugal Exporter")

Das Neuheiten- & Trendartikelgeschäft

Development of Spain's Foreign Commerce

Calle de Santa Catalina 6, Madrid/Spain, Spanien (Manufacturers & Exporters List)

The Ministry of Commerce and Industry

Nicosia/Cypros, Cypern

(Herausgeber des Katalogs "Cypros - Directory of Exporters")

The Department of Industry

30, South Street, Valletta, Malta

(Herausgeber des Katalogs "Malta Manufacturers and Exporters")

Ankara Chamber of Commerce & Industry

Posta Cadessa, Ankara, Türkei

(Herausgeber von "Trade Directory - Ankara")

Adana Chamber of Commerce & Industry

Adana, Türkei

(Herausgeber von "Trade Directory - Adana")

National Organization of Hellenic Handicrafts

Das Neuheiten- & Trendartikelgeschäft

9, Metropolis Street, Athens (118), Greece/Griechenland,

(Herstellerliste für Geschenk- und Kunstartikel)

"Made in Israel - A to Z guide to israel export goods", Israel Export Institute, Shalom Tower, 9 Ahad Haam St., Tel Aviv, Israel

Herstelleradressen aus anderen europäischen und überseeischen Ländern bekommen Sie, wenn Sie zu den Messezeiten Ausstellerkataloge anfordern, die an Ausländer zum grössten Teil sogar kostenlos abgegeben werden.

Herstellerkataloge erhalten Sie ausserdem praktisch für jedes gewünschte Land, wenn Sie einfach an die dortige Industrie- und Handelskammer (Chamber of Commerce) schreiben. Dazu benötigen Sie keine weitere Anschrift, da die Postbehörden in den jeweiligen Hauptstädten der Länder die genauen Adressen kennen.

Schreiben Sie jedoch nicht an die deutschen Handelsvertretungen in den jeweiligen Ländern. Sie führen zwar auch Herstellerverzeichnisse, verlangen aber in der Regel recht stattliche Preise dafür. Dagegen sind die ausländischen Handelskammern meistens daran interessiert, für ihre Mitglieder gute Kontakte mit unserem Land herzustellen und liefern deshalb deren Adressen überwiegend gratis.

Bevor Sie schliesslich ein Herstellerverzeichnis käuflich erwerben, sollten Sie in Ihrer nächsten Industrie- und Handelskammer-Bibliothek nachsehen, ob sie das gewünschte Werk nicht

Das Neuheiten- & Trendartikelgeschäft

vorrätig hat, so dass Sie es dort kostenlos einsehen können. Dadurch lässt sich manche Mark einsparen.

Etwa 500 der wichtigsten Hersteller- und Lieferquellenverzeichnisse aus Deutschland und über 50 Ländern nennt Ihnen der "Internationale Handelsquellenführer". In einer anderen Liste, dem "Internationalen Handelspresseführer", sind dagegen über 1000 Anschriften der wichtigsten Handels- und Fachzeitschriften aus Deutschland und aller Welt aufgelistet. Jedes dieser Verzeichnisse kostet ca. 25,- € und ist zu beziehen von Horst Ludwig Verlag, Jenseitsstr. 10, 50127 Bergheim (Lieferung per Nachnahme).

Ein "Guide to American Directories" mit einigen tausend Adressen von Herstellerverzeichnissen aus den USA ist zu beziehen bei der Firma B. Klein Publications, P.O. Box 8503, Coral Springs, Florida 33065, USA. Der Preis liegt bei ca. 50 US-Dollar + Porto. Bevor Sie Geld schicken, fordern Sie am besten erst Informationen an, da sich der Preis in den USA geändert haben kann und auf den derzeitigen Wechselkurs abgestimmt werden muss.

Eine Übersicht über ca. 50'000 Zeitungen und Zeitschriften, von denen viele Warenangebote und Informationen über Neuheiten offerieren, finden Sie im "Directory of Newspapers, Magazines and Trade Publications". Die Anschriften sind nach Fach- und Sachgruppen, Verlagen und Bundesländern geordnet und enthalten auch Angaben über Auflagenhöhe, Verlagsgründung, Bezieherkreis und Art der Informationen. Zu beziehen ist das Werk mit ca. 1300 Seiten (Grossformat) bei der Verlagsfirma IMS Press, One Bala Avenue, Bala Cynwyd, Pennsylvania 19004, USA. Der Preis liegt bei 60 US-Dollar + Porto.

Einen reichen Anzeigenmarkt mit vielen interessanten Angeboten aller Art - und natürlich auch mit Neuheiten - finden Sie in den Publikationen:

Das Neuheiten- & Trendartikelgeschäft

"Trade Channel"

Helmholtzstraat 61, NL-1098 Amsterdam, Niederlande

(Das Blatt hat zwei internationale Monatsausgaben und kostet im Jahresabonnement um die 50 €)

Salesman's Opportunity

Opportunity Press, Inc., Suite 1405, 6 N. Michigan Ave., Chicago, Illinois 60602, USA

(Auslandsabonnement für ein Jahr: 16 US-Dollar)

Popular Mechanics

The Hearst Corporation, 224 West 57th Street, New York, N.Y. 10019, USA

(Auslandsabonnement für ein Jahr: 16 US-Dollar)

Andere Quellen für Neuheiten

Manche Neuheit der letzten Zeit, die wir in Schaufenstern und Warenkatalogen bewunderten, ist nicht durch Kontakte mit fremden Herstellern, sondern durch eigenes Nachdenken ans Licht gehoben worden. Oftmals findet man recht gute Artikel beim Schmökern in älteren Zeitschriften und Büchern. Dinge, die längst aus der Mode gekommen sind, eignen sich plötzlich wieder dazu, leicht verändert als Neuheit präsentiert zu werden.

Denken wir nur einmal an die Handdynamo-Taschenlampe aus der Kriegszeit, die Purzelmännchen, mit denen schon unsere Eltern spielten, das Jo-Jo, Kinderwiegen und Steckenpferde, Porzellankopfpuppen und Zinnsoldaten. Obwohl alles schon einmal dagewesen ist, haben clevere Firmen diese Uraltprodukte sehr schnell als gutgehende Verkaufsobjekte erkannt und in Neuheiten umgewandelt.

Das Neuheiten- & Trendartikelgeschäft

Neue Produkte findet man aber auch, wenn man Kontakte mit Patentanwälten aus der näheren Umgebung aufnimmt. Diese Leute wissen oft am besten, welche Auftraggeberfirma gerade neue Produkte entwickelt hat und an einem entsprechenden Absatz interessiert ist.Ein anderer Weg, um an die Erfinder und ihre Erfindungen heranzukommen, geht über die Patentauslegestellen. Diese Patentauslegestellen befinden sich in fast jeder grösseren Stadt und sind dem Publikum gegen eine geringe Gebühr zugänglich. Dort können Sie sich dann einen Nachmittag hinsetzen und sich alle Sie interessierenden Erfindungen zeigen lassen.

Notieren Sie bei allen aufgeführten Produkten die angegebenen Erfinderadressen und nehmen Sie dann Kontakt mit den Leuten auf. Wenn die angegebenen Adressaten nicht selbst Hersteller der Neuheit sind, werden sie Ihnen aber mitteilen können, welche Firma die Produktion übernommen hat.

Eine Liste mit den Adressen aller Patentschriftenauslegestellen in der Bundesrepublik Deutschland erhalten Sie vom Deutschen Patentamt, Zweibrückenstrasse 12, 80331 München. Fügen Sie Ihrem Schreiben zwecks schnellerer Bearbeitung ausreichendes Rückporto oder einen Internationalen Antwortschein bei.

Importeure von Neuheiten finden Sie ausserdem unter der Rubrik "Importeure" oder "Neuheiten" in Ihrem Telefon-Branchenbuch.

Unerschöpflich und ständig fliessend wie die Zeit sind auch die Ideen der Menschen. Was gestern noch als Wunder galt, ist heute bereits alltäglich und morgen "alter Plunder". Wege, um an Neuheiten zu kommen, gibt es genug. Der beste von ihnen ist aber meistens der nach innen, zum eigenen Nachdenken.

Das Neuheiten- & Trendartikelgeschäft

Nicht alles, was neu ist, ist deshalb auch gut, und nicht alles, was schon älter ist, deshalb schlecht oder überholt. Nur aus dem Alten und dem Neuen formt sich das Bild der Gegenwart. Ob Sie nun selbst die Initiative ergreifen und Neuheiten einführen und an Händler und Endabnehmer weiterverkaufen, oder aber die Informationen über diese Produkte vermitteln, wichtig ist bei allem, dass Sie die Leute zu begeistern verstehen und ihnen klarmachen können, dass das angebotene Erzeugnis eine Bereicherung für ihr Leben darstellt und es sich deshalb lohnt, es zu kaufen.

Der Wareneinkauf im In- und Ausland

Mit Geschäftspartnern im eigenen Land Kontakt aufzuzehmen und Bestellungen zu tätigen, ist kein grosses Problem. Entweder trifft man sich auf einer Messe und macht dort eine Musterbestellung perfekt, oder man schreibt ein paar Zeilen und fordert Angebote und später die gewünschten Waren an.

Anders sieht es aus, wenn man neue Produkte aus dem Ausland, beispielsweise aus billigen, aber fernen asiatischen Ländern importieren möchte. Hier müssen zunächst einmal zwei Punkte genau überdacht werden:

1. Der Versandweg von Asien zu uns ist lang.

2. Die Ware muss verzollt werden und versteuert sich dadurch. Hinzu kommt, dass einige Herstellerfirmen Mindestabnahmen von 100 bis 1000 US-Dollar Warenwert fordern.

Zunächst einmal müssen Sie also langfristig disponieren. Können Sie bei einer Inlandssendung spätestens nach 8-14 Tagen mit der Lieferung rechnen, nimmt der Transport auf dem Seeweg aus Asien je nach Art des Produktes und seiner Beschaffenheit zwischen ein bis zwei Monate in Anspruch. Luftfracht

Das Neuheiten- & Trendartikelgeschäft

ginge natürlich erheblich schneller, würde aber bei grösseren Sendungen finanziell ganz schön zu Buche schlagen.

Bevor Sie grössere Bestellungen aufgeben, sollten Sie also bei den ins Auge gefassten Firmen zunächst Informationen über die Artikel mit Preisen und Einzelmustern anfordern. Prüfen Sie nach Erhalt der Informationen ganz besonders, wie die Partnerfirma ihre Waren an Sie zu verschicken gedenkt und welche zusätzlichen Kosten für den Versand, die Verpackung, Transportversicherung und dergleichen zum eigentlichen Verkaufspreis hinzukommen.

Um Ihnen einen Überblick über die international gebräuchlichsten Versandbezeichnungen und ihre Abkürzungen zu ermöglichen, finden Sie nachfolgend eine kleine Aufstellung:

ex factory (ab Werk)

bedeutet, dass die Firma ab Werk liefert, d.h. der Empfänger alle Kosten für Versand, Verschiffung usw. selbst zu tragen hat.

F.A.S. (frei bis ans Schiff).

Der Lieferant bringt die Ware auf seine Kosten bis ans Schiff. Schiffsfracht und alle weiteren Kosten gehen zu Lasten des Empfängers.

F.O.B. (frei bis aufs Schiff)

Die Lieferfirma übernimmt auch die Kosten für die Verladung der Ware bis aufs Schiff. Alle anderen Kosten hat der Empfänger zu tragen.

Das Neuheiten- & Trendartikelgeschäft

C & F. (Kosten für die Fracht)

Bei dieser Bezeichnung übernimmt der Versender alle Kosten ab Werk einschliesslich Schiffsfracht bis zum Empfangshafen.

C.I.F. (Kosten für Fracht und Versicherung).

Die Versandfirma bezahlt neben Lieferung bis zum Zielhafen auch noch die Versicherung der Waren.

ex dock (ab Kai)

Bei dieser Bezeichnung trägt die Lieferfirma die Kosten für den gesamten Versand einschliesslich Abladen der Waren am Zielhafen.

C.O.D. (Nachnahme)

Die Lieferung der Sendung erfolgt per Nachnahme, d.h. der Lieferant zieht den Betrag durch seinen Zustellbeauftragten sofort ein.

D.I.P. (Dokument, Rechnung usw. gegen Bezahlung)

Hier wird die Rechnung per Nachnahme bzw. zur sofortigen Begleichung ausgehändigt. Die Ware selbst kann vor- oder nachgeschickt werden.

Bevor Sie an die Materie herangehen und eine Ware einzuführen beabsichtigen, sollten Sie die Broschüre "EXPORT-FIBEL - Wegweiser für kleine und mittlere Unternehmen" anfordern. Sie

Das Neuheiten- & Trendartikelgeschäft

enthält auf 64 Seiten alles Wissenswerte über unterstützende Beratungsstellen, Hilfen bei Anbahnung und Durchführung des Export-Importgeschäfts, Finanzierung, Kreditversicherung und jede Menge wertvolle Adressen.

Das Büchlein ist auf Anforderung kostenlos erhältlich vom Bundesministerium für Wirtschaft in Berlin.

Über den Zahlungsweg zur Begleichung bestellter Waren sollten Sie sich gegebenenfalls auch mit dem zuständigen Vertreter Ihrer Hausbank unterhalten. Dort können Sie auch klären, ob Ihnen ein Akkreditiv eingeräumt werden kann.

Der Akkreditiv (zu deutsch etwa: Kreditbrief) stellt die häufigste Zahlungsform im Aussenhandel dar. Vereinfacht könnte man sagen, dass beim Akkreditiv die Bank die Verpflichtung übernimmt, gegen Vorlage vertraglich vereinbarter Dokumente, wie Rechnungen, Versicherungsunterlagen, Versandpapiere und dergleichen, Zahlungen bis zu einer bestimmten, vereinbarten Höhe auf Kredit zu leisten.

Da Sie wahrscheinlich nicht gleich grössere Schiffsfrachtladungen bekommen werden, genügt es, sich von Ihrer Bank die sogenannten "Banker Cheques" geben zu lassen (auch "bankers' draft" genannt). Wie beim Akkreditiv ist der Scheckaussteller die Bank, die den Scheckbetrag dann gegen eine Bearbeitunsgebühr von Ihrem Konto abbucht. Der Akkreditiv wird in der Regel erst bei Rechnungsbeträgen ab 2000 US-Dollar akzeptiert und heisst im Englischen "letter of credit" (abgekürzt: L/C).

Erst nach Berücksichtigung aller auf Sie zukommenden Unkosten für Fracht und Transport vom Versender bis zu Ihnen, Versicherung, eigene Werbe-, Porto- und Versandkosten können Sie

Das Neuheiten- & Trendartikelgeschäft

feststellen, ob sich die Einfuhr der gewünschten Waren rentiert. Bleibt Ihnen nach Berücksichtigung all dieser Fakten noch eine Gewinnspanne von ca. 100 Prozent, können Sie zugreifen.

Dabei werden Sie zunächst die Marktchancen prüfen und testen, bevor Sie in grösseren Stückzahlen einkaufen. Die billigste Ware nützt Ihnen nämlich nichts, wenn Sie darauf sitzenbleiben. Darum ist es auch wichtig, auf Einfuhrverbote oder Einfuhrbeschränkungsbestimmungen zu achten. So dürfen zum Beispiel nicht alle Spielsachen bedenkenlos eingeführt werden, wenn sie den deutschen Sicherheitsbestimmungen nicht entsprechen. Das gilt auch für Feuerwerkskörper und manche anderen Produkte.

Verbote bestehen auch für Felle von Tieren und Tiere überhaupt. Textilwaren können mit Einfuhrbeschränkungen belegt und andere - meistens technische und elektronische - Produkte, wie Radarfallenwarngeräte, Kugelschreibermikrophone, Mini-Abhörgeräte und ähnliches, verboten sein. Im Unterschied zu anderen Ländern gibt es bei uns in der Bundesrepublik sehr strenge Gesetze und Bestimmungen.

Wichtig ist auch die Frage nach einem geeigneten Lagerplatz. Sicher kann man ein paar Kisten Plastikartikel in einem trockenen Keller aufbewahren. Bei leicht verderblichen Produkten ist das jedoch schon problematischer.

Wer also selbst importieren will, muss schon etliche wichtige Punkte beachten und sollte möglichst auch einige tausend Euro für den Anfang auf der hohen Kante haben. Wer finanziell nun aber nicht so gut dasteht, der muss deshalb nicht unbedingt auf preiswerte Neuheiten-Einfuhren verzichten.

Das Neuheiten- & Trendartikelgeschäft

Er sollte zunächst einmal Kontakte mit solchen Firmen aufnehmen, die in unserem Land bereits Handelsagenturen unterhalten. Diese Handelsagenturen wurden nämlich zu dem Zweck geschaffen, dass der Einkäufer die verschiedenen Importformalitäten weitgehend umgehen und die Waren direkt im Inland einkaufen kann. Zwar wird man auch hier teilweise grössere Mengen abnehmen müssen, aber die Einfuhr hat bereits der Verkäufer besorgt. Hinzu kommt, dass Sie sich mit den Leuten in Deutsch verständigen können.

Wo ausländische Firmen in unserem Land keine Agenturen unterhalten, kann man sich, bevor man selbst zum Importeur wird, erst einmal nach einem anderen Importeur umsehen, mit dem man gemeinsam die gewünschten Artikel einführt oder der bereits Neuheiten importiert hat und geeignete Abnehmer sucht.

Es gibt da sogenannte Asien-Spezialisten, die nur Produkte aus Japan, Hongkong, Formosa oder Korea führen, und auch solche, die sich auf Einfuhren aus den USA oder aus europäischen Ländern spezialisiert haben. Wo eine normale Beteiligung an Importen nicht möglich ist, bleibt immer noch der Einkauf über den Grosshandel.

Da Sie jedoch nur nach Neuheiten suchen, werden Sie sorgfältig darauf achten, dass Sie nicht eine x-beliebige Ware ordern, sondern nur solche Artikel, die wirklich unter dem Begriff NEU einzustufen sind. Uns sind Produkte bekannt, die bereits seit mehr als 3 Jahren als "NEU" angeboten werden, allein aus psychologischen Gründen. So etwas kommt natürlich nicht mehr an.

Manche Produkte werden auch gleich von mehreren Firmen eingeführt und angeboten. Denken Sie an die seinerzeit in Mode gekommenen Magnet-Armbänder, -Halsketten und -Ringe, an die in immer neuen Variationen auftauchenden Zauberwürfel, die verdrehbaren Gliederschlangen und die vielen elektronischen Spielekonsolen.

Das Neuheiten- & Trendartikelgeschäft

Uns sind allein von all diesen Produkten ca. 50 oder mehr Hersteller bekannt, die jeden Monat zusammen einige Millionen dieser Artikel exportieren. Hier gilt es, die Preise sorgfältig zu vergleichen und nicht gleich beim ersten besten Importeur einzukaufen.

Versuchen Sie bei Mengenabnahmen genauso zu handeln wie bei Barzahlung. Meistens sind bei jeder Ware einige weitere Rabattprozente drin, wenn man etwas verhandelt. Passende Geschäftspartner finden Sie in den einschlägigen bereits aufgezeigten Handels- und Fachzeitschriften oder auch durch eine Anfrage bei Ihrer zuständigen Industrie- und Handelskammer.

Überhaupt wird von den Diensten der IHK viel zu wenig Gebrauch gemacht. Diese Dienststellen sind nicht nur dazu da, dass ihnen Steuergelder zufliessen, sondern dass sie von den Mitgliedern aus Industrie und Handel in Anspruch genommen werden.

So wurde vor einiger Zeit ein sogenannter "Heiratsmarkt für Unternehmer" propagiert. In den IHK-Informationen erschien folgender Artikel:

„*Inhaber von Unternehmen, die Nachfolger oder aktive Teilhaber suchen, und Existenzwillige, die den Schritt in die Selbständigkeit wagen wollen, werden von den Industrie- und Handelskammern zusammengeführt. Eine Existenzgründungsbörse verringert für Unternehmer in spe die Anlaufrisiken.*

Die Vermittlung von geeigneten Nachfolgern für ausscheidende Inhaber trägt dazu bei, den Unternehmensbestand und damit Arbeitsplätze zu sichern. Die Existenzgründungsbörse steht allen Unternehmen offen und allen Interessenten, die sich selbständig machen wollen; unabhängig davon, ob sie auf der Suche nach einem Partner für die Neugründung eines Unternehmens

Das Neuheiten- & Trendartikelgeschäft

sind oder die Übernahme einer bereits am Markt befindlichen Firma wünschen.

Kosten entstehen Anbietern und Nachfragern durch die Teilnahme an der Börse nicht. Das Namensschutzinteresse wird bei den Offerten durch Chiffre-Nummern gewahrt. Die Offerten werden in den monatlich erscheinenden IHK-Zeitschriften veröffentlicht.

Interessenten wenden sich dann an die Industrie- und Handelskammer und schicken eine kurze Personen- bzw. Unternehmensbeschreibung, die bei Nachfragern Angaben über Alter, Ausbildung, berufliche Tätigkeit, ferner besondere Kenntnisse und verfügbare Eigenmittel enthält. Anbieter sollten Angaben über Branche, Umsatz, Beschäftigte sowie Standort machen und um Kontaktaufnahme bitten.

Die Nachfragen werden weitergeleitet, wenn sie keinen Sperrvermerk enthalten. Damit Angebot und Nachfrage aus dem gesamten Bundesgebiet in die Existenzgründungsbörse eingehen, dient der Deutsche Industrie- und Handelstag (DIHT) als "Clearingstelle". Gegründet wurde der "Heiratsmarkt für Unternehmer" im Jahre 1979. Seither wurden mehr als 5000 Angebote und Nachfragen veröffentlicht."

Soweit diese Information. Sie erhellt, dass durchaus Möglichkeiten der Firmenzusammenführung bestehen. Leider wissen das nicht alle Unternehmer, die einen Partner suchen. Es kann also nichts schaden, wenn man, bevor kostspielige Schritte unternommen werden, zuerst bei seiner zuständigen IHK-Geschäftsstelle anruft.

Das Neuheiten- & Trendartikelgeschäft

Alles über den Vertrieb von Neuheiten und Trendartikeln

Außer dem bekannten Vertrieb über das Internet bzw. Onlineauktionen gibt es noch vielfältige andere Wege zum Vertrieb Ihrer Produkte. Schauen Sie sich zunächst einmal um, wie es die anderen machen. Neue Produkte finden Sie in jedem grösseren Warenhaus, in Versandkatalogen und besonders im Internet. Es gibt bereits Geschäfte, die sich als Neuheiten-Shops ganz speziell nur auf Novitäten aus allen Bereichen des Lebens spezialisiert haben.

Ich selbst habe mich vor Jahren in Zürich umgesehen und fand die Idee, nur Neuheiten anzubieten, sehr sympathisch. Viele andere Leute anscheinend auch. Der kleine Laden war gerammelt voll, und es strömte förmlich rein und raus. Auf der Frankfurter Messe wurden gerade jene Stände am meisten umlagert, die sich ebenfalls auf Neuheiten spezialisiert haben.

Einige Firmen verkaufen "nur" lustige Gags, Scherzartikel und Produkte von ideellem Wert, aber irgendwie scheinen die Menschen nach solchen Dingen zu lechzen. So hat die Wiesbadener Firma Harlekin mit ihren laufenden Dosen, Gemüseschreibern, Käse- und Wurst-Schlüsselanhängern sowie dem Geschirr für Leute, die abnehmen wollen, und Hunderten weiteren Artikeln einen solchen Bombenerfolg, dass verschiedene Zeitungen, Zeitschriften und sogar das Fernsehen darüber berichteten.

Das Harlekin Sach- & Lachbuch, ein ca. 200 Seiten starker Angebotskatalog, der für eine anrechenbare Schutzgebühr von 5 € abgegeben wird, ist zeitweise so schnell vergriffen, dass man mit dem Druck gar nicht nachkommt. Dabei kommen die Sachen nicht alle aus eigener Produktion, sondern werden durch einen "heissen Draht" zu den richtigen Firmen aus dem In- und

Das Neuheiten- & Trendartikelgeschäft

Ausland eingeführt und dann umgesetzt. Andere Firmen haben diesen Trend erkannt und machen es ihnen auf ihre Weise nach.

Besitzen Sie ein eigenes Geschäft, einen Laden oder einen Internet-Versand? Dann können Sie bereits im Angebot befindliche Produkte erheblich attraktiver machen, wenn Sie sie durch dazu passende Neuheiten ergänzen. Gehen die bisherigen Artikel jedoch nicht so, wie sie eigentlich sollten, wird es Zeit, sie durch neue zu ersetzen.

Bei einem Ladengeschäft hat man den Vorteil, dass die Produkte ins rechte Licht gerückt werden können. Anders ist es, wenn Sie ein Versandunternehmen betreiben. Da kommen Sie ohne Prospekt- oder Katalogmaterial nicht aus. Zu Anfang genügen bestimmt schwarz-weisse Abbildungen der anzubietenden Sachen, denen eine kurze Beschreibung und der Preis beigefügt sein müssen.

Manche Grosshandelsfirmen bieten ihren Wiederverkäufern auch farbiges Prospektmaterial zum Selbstkostenpreis an. Soweit dieses Material neutral gehalten ist, so dass Sie Ihre Adresse mittels Stempel angeben können, sind diese Werbeblätter nicht zu verachten.

Anders sieht es aus, wenn Sie gleich richtige Kataloge kaufen sollen. Oft bezahlen Sie dann für teure Drucksachen, deren Kosten durch den Verkauf der angebotenen Artikel nicht gedeckt werden. Um die mehr oder weniger umfangreichen Versandkataloge finanzieren zu können, nehmen grössere Unternehmen einige kleinere mit ins Geschäft, ohne ihnen jedoch zu sagen, dass sie selbst bereits den Rahm abgeschöpft haben. Also Vorsicht bei solchen Angeboten.

Denken Sie nur nicht: "Wenn ich 100 oder 1000 von diesen Dingern verkaufe, mache ich 200 oder 300 Prozent Gewinn." Schauen Sie sich überall um und fragen Sie auch einmal Ihre

Das Neuheiten- & Trendartikelgeschäft

Freunde, ob diese ach so einmalige Neuheit nicht bereits seit Jahren auf dem Markt ist - wovon Sie nur noch nichts wussten.

Am besten wird es sein, wenn Sie sich aus den Angeboten der Hersteller, Importeure oder Grosshändler nur einige Rosinen herauspicken, für die Sie dann ganz gezielt Werbung betreiben. Testen Sie eine Sache erst im kleinen Rahmen, bevor Sie gross einsteigen. Nicht der eigene Geschmack, nicht die Anpreisung des Grossisten, sondern die Kaufbereitschaft Ihrer Kunden entscheidet über den Absatz einer Sache und somit über Ihren Umsatz.

Lassen Sie ein Spielzeug von Kindern testen, einen Haushaltsgegenstand von Hausfrauen und einen Artikel für den PKW von einem Kraftfahrer. Hier haben Sie die Hand am Puls des Verbrauchers. Sind diese Leute ehrlich begeistert und bestätigen andere Testpersonen dieses Urteil, dann können Sie mit dem betreffenden Artikel starten.

Warum, glauben Sie, betreiben die grossen Hersteller, bevor sie ein neues Produkt auf die Verbraucher loslassen, so intensive Marktforschung? Weil sich erwiesen hat, dass manchmal die verheissungsvollsten Erzeugnisse entgegen der Ansicht der klügsten Experten vom Verbraucher einfach nicht akzeptiert wurden.

Der Ausspruch, dass der Konsument alles schluckt, was man ihm nur passgerecht - sprich mit der richtigen Werbung - verabreicht, stimmt im Zeitalter der Verbraucheraufklärung nicht mehr. Sicher, Neuheiten sind immer begehrter als herkömmliche Artikel. Aber das ist noch lange keine Garantie dafür, dass die Sache auch floriert. Also sind Tests sehr wichtig.

Solche Testmöglichkeiten kann man sich auch durch Probeverkäufe im kleineren Rahmen schaffen. Da findet vielleicht ein Jahrmarkt in Ihrer Gegend statt, eine Verbraucherausstellung oder ein sogenannter Flohmarkt. In

Das Neuheiten- & Trendartikelgeschäft

oder ein sogenannter Flohmarkt. In einigen Städten sind auch Strassenverkäufe gestattet.

Bevor Sie also mit einem besonders verheissungsvollen neuen Artikel unter die Leute gehen, müssen Sie sich mit den zuständigen Stellen in Verbindung setzen und eine entsprechende Ausstellergenehmigung erwerben. Einen Verkaufsstand zu bekommen ist nicht weiter schwierig. Für einen Testverkauf genügt ein standfester, nicht zu kleiner Campingtisch, vielleicht ein ebenso standfester Sonnenschirm und ein paar Kartons oder Plastikwannen, in denen die Verkaufsobjekte untergebracht werden können.

Ein Hinweisschild mit dem Preis des Artikels ist schnell gemalt oder kann von einem Maler angefertigt werden. Hier sollte man sich mit eigenen Ideen und etwas Phantasie an die Arbeit machen. Mit einer gut verschliessbaren Geldkassette für die Einnahmen und einem passenden Stuhl zum Ausruhen kann man sich dann auf dem vorher gemieteten Standplatz niederlassen und der Dinge harren, die da kommen sollen.

Vielleicht ist es nicht jedermanns Sache, sich selbst vor den Leuten zu präsentieren, doch in einigen Fällen werden sich auch Bekannte, Verwandte oder halbtags angeworbene Personen bereit erklären, diesen Job zu übernehmen. Was dem einen peinlich ist, macht dem anderen geradezu Vergnügen.

Weiter muss man sich, wenn man an anderen Menschen sein Geld verdienen will, über einige Vorurteile hinwegsetzen und ein wenig auf den potentiellen Käufer eingehen. Sollten Sie partout keine geeignete Hilfskraft bekommen können, bleibt zu erwägen, sich mit einem echten Strassenverkäufer zusammenzutun.

Das Neuheiten- & Trendartikelgeschäft

Ich kenne Händler, die seit Jahrzehnten mit bestem Erfolg praktisch alles unter die Leute bringen, was ihnen angeboten wird. Sie verstehen es, die Passanten mit Humor, geistreichen Erläuterungen und praktischen Erklärungen des angebotenen Artikels so zu fesseln, dass sie Tag für Tag Riesenumsätze machen.

Wenn man solchen Leuten einige Prozent Anteil pro verkauftem Artikel einräumt, stellt man sich manchmal viel besser, als wenn man sich selbst einen ganzen Tag lang hinstellt und doch keine befriedigenden Resultate erzielt.

Kontakte lassen sich durch ein Inserat in der Zeitschrift "Der Komet" - Fachblatt für Reisegewerbe und Warenhandel, Molkenbrunner Strasse 10, Postfach 2261, 69954 Pirmasens, oder in den bereits erwähnten Blättern "Zentralmarkt" und "Handels-Magazin" finden. Daneben dürfte auch "Der Industrie- und Handelsvertreter" (Schimmel-Verlag, Robert-Koch-Str. 34, 97080 Würzburg) für eine Kontaktanzeige geeignet sein.

In diesen Publikationen kann auch eine Direkt-Verkaufsanzeige für die ausgewählten Neuheiten aufgegeben werden, sofern die Artikel über Versand zu verkaufen sind. Ausser Endabnehmern finden sich dann in der Regel sehr schnell Firmen, die am Wiederverkauf der Ware interessiert sind.

Groß- oder Einzelhandel?

Das Ziel der meisten Importeure besteht darin, ihre eingeführten Produkte nicht an den Endverbraucher, sondern an Gross- und Einzelhändler abzugeben. Der Vorteil dieser Massnahme liegt auf der Hand:

a) man muss sich nicht mit einer Vielzahl kleiner Kunden abgeben und

b) man kann seine Ware sofort in grösseren Mengen absetzen.

Das Neuheiten- & Trendartikelgeschäft

Wichtig ist natürlich, dass die Verkaufsspanne stimmt. Ein Artikel, der Sie beim Kauf vom Hersteller oder durch Import alles in allem ca. € 10,- kostet, würde beispielsweise im Endverkauf € 30,- kosten. Das wäre ein guter Gewinn, wenn Sie sich mit den vielen Einzelkunden abgeben.

Bieten Sie einem Wiederverkäufer den Artikel für € 20,- im Einkauf an, hätten Sie an der Sache immer noch € 10,- verdient und der Wiederverkäufer auch. Der Nachteil einer geringeren Verdienstspanne wird durch den Vorteil ausgeglichen, dass Sie sich um den weiteren Absatz an den Endverbraucher nicht mehr zu kümmern brauchen. Es entfallen die damit verbundenen Kosten für Werbung, Versand, Ladenmiete und Rechnungsstellung für viele Einzelkunden sowie eine ganz erheblich vermehrte Buchführung, Karteihaltung und, und, und ....

Wenn jeder Wiederverkäufer mit nur durchschnittlich 1000 Kunden Ihre Ware umsetzt, erreichen Sie bei zehn Wiederverkäufern immerhin 10'000 Endverbraucher. Wollten Sie diese 10'000 Leute anschreiben, benötigten Sie bereits einige tausend Euro (!) nur an Porto, zuzüglich der Kosten für Prospektmaterial, Versandtaschen und Arbeit. Das ist zweifellos ein Plus bei der Einschaltung von Wiederverkäufern.

Bevor Sie sich also für die eine oder andere Form des Absatzes entscheiden, sollten Sie sehr gut durchrechnen, welches System für Sie das bessere ist. Dabei spielen nicht nur die finanziellen Aspekte eine Rolle. Fragen, die das Produkt selbst betreffen, müssen auch geklärt werden. Benötigt ein sperriger Artikel vielleicht eine besondere Verpackung? Kann ein Produkt, wenn es zu lange auf Lager liegt, veralten, oder von der Konkurrenz nachher billiger angeboten werden?

Ein Wiederverkäufer rechnet von vorn herein damit, dass er grössere Mengen abnehmen muss, obwohl er sie im Moment noch nicht verkaufen kann. Ein Endverbraucher bestellt immer nur Einzelstücke von einer Ware. Deshalb muss als Anreiz für den Wiederverkäufer auch ein Mengenrabatt drin sein, der ihn dazu animiert, eben mehrere Einheiten der betreffenden Produkte abzunehmen. Selbst wenn Ihr Verdienst dadurch teilweise auf weniger als die sonst erzielten Prozente absinken sollte, so macht die veräusserte grössere Menge diesen Umstand wieder wett.

All diese Erwägungen spielen natürlich nur dann eine Rolle, wenn Sie günstig beim Hersteller einkaufen oder importieren können. Zu kleine Gewinnspannen bergen unwägbare Risiken in sich. Am besten wird es für den Anfang sein, erst dann grössere Bestellungen aufzugeben, wenn auch Sie bereits Bestellungen vorliegen haben. Dadurch verzögert sich zwar die Erstlieferung für Ihre Abnehmer, aber wenn Sie ihnen klipp und klar sagen, dass Sie bei der Erstlieferung noch den Bedarf testen müssen und eine geschätzte Lieferzeit angeben können, wird man das im allgemeinen akzeptieren. Die alten Hasen in diesem Geschäft machen es nicht anders.

Am wenigsten Arbeit mit einem Produkt und dessen Absatz hat man als Agent oder Vermittler einer Ware. In Amerika wickelt man sehr viele Geschäfte auf diesem Wege ab. Bei uns in Deutschland ist dieser Weg zwar seit langem bekannt und wird auch praktiziert, aber doch noch nicht in dem Masse wie in den überseeischen Ländern.

Bei dieser Verkaufsmethode bietet der Vermittler eine Ware, die er vom Hersteller offeriert bekam, den Wiederverkäufern an. Wird dann diese Ware bei ihm bestellt, gibt er den Auftrag an die Vertrags-Herstellerfirma weiter und lässt die Sendung von dort direkt an seinen Kunden ausliefern.

Seinem Auftrag an den Hersteller fügt er die erforderlichen Begleitpapiere, einen Adressaufkleber und seine Rechnung bei. Der Empfänger erhält dadurch nur die Angaben seines Vermittlers. Die Ware mit dem entsprechenden Einkaufspreis wird dem Agenten dann von der Herstellerfirma in Rechnung gestellt. Will man vermeiden, dass die Herstellerfirma erfährt, welchen Preis man vom Kunden fordert, kann die Rechnung an den Abnehmer auch gesondert verschickt werden.

Dieses Verkaufssystem hat den Vorteil, dass man sich noch nicht einmal um den Transport zum Kunden mit all seinen Problemen der Verpackung, der Transportkosten usw. befassen muss. Einige der grossen Top-Agenten sitzen bei diesem Geschäft den ganzen Tag nur am Telefon, nehmen Bestellungen entgegen, leiten sie sofort an die Lieferfirma weiter und kassieren die vorher festgesetzten Verdienstspannen.

Wir kennen diese Verkaufsweise auch besonders von den Oelverkäufern, die in Rotterdam Bestellungen für noch auf See befindliche Tankerladungen entgegennehmen und dorthin dirigieren, wo sie geordert wurden.

Das hört sich sehr kompliziert an, ist es aber nicht, wenn die Herstellerfirma sich bereit erklärt, die von Ihnen bestellte Sendung nach Ihrer Vorgabe direkt an den Kunden auszuliefern. Im englischen Sprachgebrauch nennt man das System "Dropshipping", während man den deutschen Firmen die Sache unter Agentur- oder Vermittlungsverkauf schmackhaft machen sollte.

Während Sie bei dem hier aufgezeigten Vermittlungsgeschäft alles in eigener Regie durchführen, besteht auch noch die Möglichkeit, für eine bestimmte Firma gegen eine Agenturprovision tätig zu sein. Hierbei werden alle Aufträge an die Partnerfirma zur weiteren Bearbeitung weitergeleitet. Für den vermittelten Auftrag erhält man eine Vermittlungsprovision in vereinbarter Höhe.

Vorteil: Auch das Rechnungstellen und jede weitere Bearbeitung des Auftrages entfällt. Nachteil: Der Kunde wird versuchen, seine nächste Bestellung direkt bei Ihrer Vertragsfirma aufzugeben, es sei denn, Sie haben einen Ausschluss solcher Aufträge vertragsgemäss geregelt, so dass die Herstellerfirma auch an sie selber gerichtete Nachbestellungen über Sie laufen lässt.

Auch Informationen über Neuheiten lassen sich verkaufen!

In früheren Teilen dieses Buches haben wir erfahren, welche Möglichkeiten es gibt, neue Produkte aufzuspüren, wie und wo man sie am besten einkauft und welche Absatzmöglichkeiten es gibt. An dieser Stelle soll nun davon die Rede sein, wie man mit Neuheiten Geld verdient, obwohl man sie selbst weder ein- noch verkauft. Gemeint ist der Handel mit den Informationen über Neuheiten.

Es gibt eine unübersehbare Schar von Unternehmern und Firmenbesitzern, die nur deshalb auf keinen grünen Zweig kommen, weil ihre angebotenen Produkte, die sie irgendwann einmal als Renner dem Käuferpublikum vorstellten, veraltet sind. Aus meiner Praxis als Vermittler neuer Geschäftsideen und Produktinformationen weiss ich, dass selbst renommierte Kaufhäuser nichts von jenen Quellen wissen, die im In- und Ausland Bestsellerprodukte anbieten.

Informationen, die den Insider heute erreichen, werden manchen sonst so geschäftstüchtigen Unternehmensleitern erst dann bekannt, wenn die besser informierte Konkurrenz bereits den Rahm abgeschöpft hat. Deshalb ist das Bedürfnis nach guten Informationen sehr gross.

Wer sich nun allein die eingangs in diesem Report aufgezeigten Handelsquellenführer kommen lässt und einige einschlägige

Das Neuheiten- & Trendartikelgeschäft

Zeitschriften abonniert, kann also manchem nicht so gut informierten Geschäftsmann eine Menge voraus haben. Da Wissen Macht ist, wie uns bereits die Alten lehrten, sollte man - sofern das Informationsmaterial nicht im eigenen Unternehmen verwertet wird - die interessantesten Neuheiten sammeln, auflisten und den danach suchenden Firmen zum Verkauf anbieten.

Manchmal ist es bereits eine einzige passende Adresse, die ein Unternehmen neu aufblühen lässt. Wieviel mehr bedeutet es erst, wenn daran interessierte Firmen die Möglichkeit erhalten, speziell auf ihr Geschäft zugeschnittene Produkte angeboten zu bekommen. Wie wertvoll ist es zu wissen, wo denn nun dieser oder jener Artikel hergestellt wird und wo man ihn unter Ausschaltung des verteuernden Zwischenhandels direkt an der Quelle kaufen kann!

Es gibt manche Zeitungen und Zeitschriften auf der Welt und auch in unserem Land, die einige neue Artikel vorstellen oder in denen Firmen für ihre eingeführten Produkte werben. Richtige, auf den Bedarf der einzelnen Branchen zugeschnittene Neuheiten-Verzeichnisse sind jedoch auch heute noch Mangelware. Darum gilt es, sich einmal die Mühe zu machen und aus den angeforderten Informationen jene herauszusuchen, die sich zum Weiterverkauf eignen.

Auf welchen Gebieten werden denn in der Hauptsache Neuheiten gesucht? Es sind in erster Linie die Produkte der Spielwaren-, Geschenkartikel-, Elektronik- und Haushaltwarenindustrie. Doch auch bei den Sport- und Freizeitartikeln, beim Autozubehör, bei Büro- und Werbeartikeln, optischen Erzeugnissen und den Neuerungen aus dem Musik- und Video- & DVD-Bereich sind die Einkäufer daran interessiert, stets auf dem laufenden zu sein.

Deshalb lassen sich für diese und einige weitere Bereiche Listen zusammenstellen, in denen genau angegeben ist, wie die Firma heisst, wie ihre Adresse ist und welche Artikel sie herstellt und vertreibt. Wer sich die Mühe macht und gewissenhaft und sorgfältig ein solches Informationswerk zusammenstellt, kann es dann später zu einem angemessenen Preis an die daran interessierten Firmen weitergeben.

Zwar kommt es in erster Linie auf den Inhalt einer solchen Informationsliste an, dessen ungeachtet sollte sie jedoch sauber mit Computer geschrieben und ordentlich gedruckt (oder vervielfältigt) zur Verfügung stehen. Wer sich die Eigenherstellung nicht zutraut, kann sich gegebenenfalls zwecks Wiederverkauf bereits bestehender Neuheitenlisten mit Angeboten für praktisch alle Branchen an den Autor wenden.

Die Geldquelle - Ihr eigener Neuheiten-Infodienst!

Neben den über längere Zeiträume gesammelten und in Listen zusammengestellten Informationen über Neuheiten besteht auch die Möglichkeit, den interessierten Geschäftsleuten ein monatliches Blatt mit den neuesten Produkten anzubieten. Dieses Blatt kommt dann beispielsweise zwölfmal im Jahr heraus und kann zu einem angemessenen Preis abonniert werden.

Die Bezieher erhalten damit stets neue Informationen darüber, was gerade auf den Markt gekommen ist und was sich auch für ihren Betrieb zum Wiederverkauf eignen könnte.

Zusammengestellt werden diese monatlichen Ausgaben auf Grund der eingehenden Firmenangebote aus dem In- und Ausland. Die Hersteller von Neuheiten erhalten die Möglichkeit, ihre Produkte kostenlos vorzustellen und dadurch eine Gratis-Werbung zu bekommen.

Die Herausgabe kann per E-Mail, in Manuskriptform oder aber auch im Fotosatz mit anschliessendem Druck geschehen. Will

Das Neuheiten- & Trendartikelgeschäft

man sich nicht nur auf den deutschsprachigen Raum beschränken, ist es allerdings erforderlich, dass man als Herausgeber eines monatlichen Neuheiten-Informationsdienstes die englische Sprache beherrscht oder doch zumindest die Angebote aus Asien, den USA usw., die in englischer Sprache verfasst sind, lesen und in die deutsche Sprache übersetzen kann.

Ein Werbeprospekt, der auf Ihren Dienst hinweist, kann dann allen Geschäftsleuten, von denen anzunehmen ist, dass sie an Neuheiten interessiert sind, zugesandt werden. Da die Auswahl an Neuheitendiensten noch ziemlich gering ist, bestehen zur Zeit recht gute Aussichten, sich mit einem solchen Service ein lukratives Einkommen zu schaffen.

Sie sehen, es gibt eine ganze Handvoll Möglichkeiten, mit Neuheiten ein Bombengeschäft zu machen. Zu welcher der hier aufgezeigten Chancen Sie greifen, wird ganz davon abhängen, welche Neigungen Sie haben, wieviel finanzielle Mittel und wieviel Selbstvertrauen. Der innere Ruck muss ja, wie bei allem, was man neu beginnt, aus dem eigenen Herzen kommen.

Alle Richtlinien, Informationen und Ratschläge können schliesslich nur Anregungen sein, die noch dazu der Vollständigkeit oder gar der Vollkommenheit entbehren. Dem wirklich Vorwärtsstrebenden waren aber von jeher stets die kleinen Anstösse Grund genug, die gewiesene Richtung zu erkennen und den neuen Weg zu gehen.

Vielleicht wird Ihnen beim ersten Versuch der grosse Wurf noch nicht gelingen. Dann denken Sie immer daran, dass in der Ausdauer die Kraft liegt. Für den Anfang finden Sie auf den kommenden Seiten einige in- und ausländische Firmen, die sich auf Herstellung und Lieferung von Neuheiten spezialisiert haben. Fordern Sie (mit Ihrem gedruckten Geschäftsbriefbogen) Angebote und Wiederverkaufsunterlagen an.

Das Neuheiten- & Trendartikelgeschäft

Anhang: Bezugsquellen für Neuheiten & Trendartikel in Deutschland, Europa & USA

Im- + Export-Grosshandel GEPO

Postfach 1232, 63500 Seligenstadt

(Neuheiten in Werbe-Präsenten. 400-Seiten-Katalog für Wiederverkäufer)

Harlekin-Geschenke GmbH

Wandersmannstr. 2b, 65205 Wiesbaden-Erbenheim

(Viele hundert humorvolle Neuheiten für alle Bereiche des Lebens)

PUSSY - Walter Breiter GmbH & Co.KG

Lemgoer Str. 9, 32108 Bad Salzuflen

(Reichhaltiges Programm neuartiger Geduldsspiele)

Perfecta Neuheiten GmbH

Hinterer Lech 29, 86150 Augsburg

(Spielwaren-Neuheiten, Party-Gags und andere Renner)

Das Neuheiten- & Trendartikelgeschäft

Wolfgang Stolz GmbH

Camerloher Str. 51, 80686 München 21

(Neuheiten aller Art, kontinuierliche Angebote)

Ernst Schmidt - Spielwaren-Fabrik

Parsberger Str. 61, 93176 Beratzhausen

(Spielwaren-Neuheiten aller Art für Kinder und Erwachsene)

Inter Culram AG

Dachslernstr. 91, CH-8048 Zürich, Schweiz

(Neuheiten für den Haushalt, Garten und täglichen Bedarf)

Leifheit International

Postfach 280, 56377 Nassau/Lahn

(Neuheiten für die Hausfrau, für Küche und Haushalt)

Jürgen Dickmann

Falkenweg 13, 53757 St. Augustin

(Neuheiten aller Art, Elektronik, Kfz-Zubehöre, Haushalt, Freizeit usw.)

Das Neuheiten- & Trendartikelgeschäft

Contaplan GmbH

Beck & Vetter KG, Büchnerweg 17, 64319 Pfungstadt

(Neuheiten aller Art für Werbung und jeden anderen Bedarf)

Herbert Richter - Metallwaren-Apparatebau

Birkenfelder Str. 1-7, 75180 Pforzheim-Büchenbronn (Neuheiten für die Auto-Branche, Zubehöre)

Nova-Technik W. Pinternagel GmbH & Co

74429 Sulzbach-Laufen

(Neuheiten für Auto, Fahrrad und Verkehr)

GTS Autotechnik GmbH

Westerwaldstr. 13, 65936 Frankfurt 80

(Neuheiten für Kraftfahrer, Autozubehöre)

USA

Wonder Products Mfg. Co. Inc.

1030 Santerre Dr., Grand Prairie, TX 75050, USA

(Neuheiten für Haushalt und Garten)

Das Neuheiten- & Trendartikelgeschäft

C.R. National Marketing

P.O. Box 1981, Hagerstown, MD 21740, USA

(Neuheiten für Kraftfahrer)

California Intermarket Centre Ltd.

1444 Washington Blvd., Suite B, Los Angeles, CA 90066, USA
(Elektronische Geräte, Neuheiten)

Handy Marketing Co

4242 Eastern Ave., S.E., Grand Rapids, MI 49508, USA

(Neuheiten für Sport, Haus und Garten)

International Specialists, Inc.

7933 N. Armenia, Tampa, FL 33604, USA

(Neuheiten verschiedener Art, Humorartikel)

Zelco Industry Inc.

620 So. Columbus Ave., Mt. Vernon, NY 10550, USA

(Neuheiten auf dem elektronischen Sektor, Büroartikel, Kfz-Neuheiten)

Das Neuheiten- & Trendartikelgeschäft

K - M Products Corporation

RD Nr. 1, P.O. Box 668, New Holland, PA 17557, USA

(Neuheiten für den Sportsmann, Jäger und Angler)

Multi Marketing & Mfg. Inc.

P.O. Box 896, Cedaredge, CO 81413, USA

(Neuheiten für Küche und Haushalt)

Product & Business Marketers

6546 Hollywood Blvd. 201, Los Angeles, CA 90028, USA

(Scherz- und Partyartikel, Neuheiten aller Art)

Tri World Products

Dept. 1NN, 945 Lewis, Fillmore, CA 93015, USA

(Neuheiten für den Autofahrer)

Curtis Communications Co.

2901 North 30th Street, Tacoma, WA 98407, USA

(Neuheiten aus der Büro- und Schreibwarenbranche)

Das Neuheiten- & Trendartikelgeschäft

Timely Creations

4001 Pacific Coast Highway, Suite 106 A, Torrance, CA 90505, USA

(Neuheiten-Uhren mit verschiedenen Extras)

Gem Creations & Gifts

1879 Shell Beach Road, Pismo Beach, CA 93449, USA

(Neuheiten für die Hausfrau, Geschenkartikel)

Barry Industries

1312 Washington Street, Saint Louis, MO 63103, USA

(Neuheiten für Haushalt, Küche und Kraftfahrzeug)

Das Neuheiten- & Trendartikelgeschäft

2. Durchführung der Existenzgründung

Selbstständig sein – wer träumt nicht davon? Fast jeder kann aus dem Stegreif viele Vorteile und Annehmlichkeiten dieser Berufsgrundlage aufzählen. Meist werden die folgenden Punkte genannt:

- Alle Entscheidungen selbst treffen
- Nie mehr die Launen eines Chefs ertragen müssen
- Der Arbeitslosigkeit entfliehen
- Mehr Geld verdienen
- Sich selbst verwirklichen
- Etwas „Bleibendes" schaffen
- Und vieles mehr ...

Für manche ist es selbstverständlich, ein eigenes Geschäft zu führen. Etwa, wenn man den elterlichen Hof oder ein Geschäft übernimmt. Andere wollen ihr Dasein als Arbeitsloser, Arbeiter oder auch Angestellter nicht länger ertragen und machen sich deshalb selbstständig. Wieder andere haben eine zündende Idee oder Marktlücke gefunden und erhoffen sich nun die große Karriere.

Wie auch immer – aus einem Grund sollte niemand den Sprung in die Selbstständigkeit wagen: Die Hoffnung, dann weniger arbeiten zu müssen. Fast alle Selbstständigen haben die Erfahrung gemacht, das Freizeit - zumindest in den ersten Jahren nach der Existenzgründung - ein Fremdwort ist.

Diese Erfahrung ist natürlich nicht die Einzige. Jeder Existenzgründer sammelt gewollt oder ungewollt während seiner Startphase viele Erfahrungen, sowohl gute, als fast immer auch schlechte.

Aus diesen gesammelten Erfahrungen und Erkenntnissen vieler Selbstständiger entstand das Ihnen vorliegende Geschäftskonzept. Es soll den Einstieg in die Selbstständigkeit so leicht wie möglich machen. Angefangen mir allen Voraussetzungen zur Gründung Ihres Unternehmens, über die genaue Beschreibung der Geschäftsidee bis hin zu den wichtigen Marketing- und Verkaufsstrategien wird kein wichtiges Thema ausgelassen.

Ob Sie haupt- oder nebenberuflich starten wollen, spielt dabei überhaupt keine Rolle. Das Konzept ist für jeden Anspruch geeignet und sofort umsetzbar.

2.1 Eine Gründung – viele Fragen

Machen Sie sich eine Tatsache bewusst: Eine Geschäftsgründung ist immer mit einem finanziellen, manchmal sogar existenziellen Risiko verbunden!

Sie haben zunächst die Wahl, ob Sie Ihre Firma allein oder mit einem oder mehreren Partnern gründen wollen. Die Gründung mit einem Partner kann sinnvoll sein, wenn dieser profundes Fachwissen mitbringt oder einen Teil des Startkapitals stellen kann.

Die weitaus größte Zahl der Gründer fängt jedoch zunächst allein an. Die Vorteile liegen auf der Hand: Sie sind von Anfang an Ihr eigener Chef, tragen die Verantwortung für alles und können Ihren Arbeitsalltag frei gestalten.

Doch es gibt natürlich auch Nachteile: Sie sind müssen sich um alles selbst kümmern und sind Einkäufer, Verkäufer, Buchhalter und vieles mehr in einem. Außerdem müssen Sie sich selbst um die Finanzierung Ihres Geschäfts kümmern. Wenn Sie dazu Kapital in Form von Krediten und/oder staatlichen Förderungen beanspruchen wollen, muss Ihr Firmenkonzept zunächst Fachleute überzeugen. Dazu ist ein professioneller und ausgefeilter Businessplan nötig. Mehr dazu lesen Sie im entsprechenden Kapitel.

Dies waren nur einige wenige Punkte, die vor der Gründung geregelt werden müssen. Lassen Sie sich nicht verunsichern,

Das Neuheiten- & Trendartikelgeschäft

schließlich haben es schon viele andere vor Ihnen auch geschafft. In diesem Buch erfahren Sie wie.

Ich wünsche Ihnen Alles Gute und Viel Erfolg bei all Ihren zukünftigen Geschäften!

3. Voraussetzungen für den Start in die Selbstständigkeit

3.1 Persönliche Voraussetzungen – Power-Typ?

Für einen Firmengründer ergeben sich völlig andere Arbeitsbedingungen, als sie z.B. ein Angestellter oder Arbeiter hat. Meistens arbeitet er alleine und muss sich somit immer wieder selbst motivieren. Es steht keiner hinter ihn, der ihn zur Arbeit antreibt, Anordnungen gibt oder Zielvorgaben auferlegt.

Sie arbeiteten also den ganzen Tag mehr oder weniger auf sich allein gestellt. Dazu gehört eine gewisse psychische Stärke, um sich Tag für Tag selbst leistungsbereit zu halten und immer wieder neue Aufgaben und Ziele in Angriff zu nehmen. Ein externer Anschub erfolgt meistens nicht.

Misserfolge, die bei jeder Tätigkeit von Zeit zu Zeit auftreten, sollten demnach nicht gleich zum Zusammenbruch oder zur Aufgabe des Geschäftes führen. Ein Selbstständiger braucht ein ausgeprägtes Selbstbewusstsein, welches durch eventuelle negative Entwicklungen oder Ereignisse nicht beeinträchtigt wird. Man muss sich Ziele setzen können und diese auch über einen längeren Zeitraum hartnäckig verfolgen können.

All dies erfordert Disziplin, Durchhaltevermögen und zielgerichtetes Handeln. In Ihrem eigenen Interesse sollten Sie Ihre Charaktereigenschaften auf diese Punkte hin überprüfen und auch Freunde und Verwandte nach deren Meinung fragen.

Oft braucht es einige Monate oder gar Jahre, bis sich der gewünschte Erfolg mit dem eigenen Geschäft einstellt. Wer eine solche Anfangsphase psychisch und finanziell durchstehen kann, hat die besten Voraussetzungen, einmal wirklich erfolgreich zu werden.

Das Neuheiten- & Trendartikelgeschäft

Sie sollten Spaß am selbstständigen Handeln haben. Als Existenzgründer können Sie sich einen wirklich eigenverantwortlichen Arbeitsplatz schaffen. Keiner wird Ihnen hier Vorschriften machen, mit Ausnahme des Gesetzgebers. Damit müssen Sie aber auch die volle Verantwortung für Ihr Handeln übernehmen.
Wenn Fehler passieren (und diese werden ganz sicher passieren!), übernimmt keine Meister, Abteilungsleiter oder Chef die Verantwortung dafür.

3.2 Materielle & finanzielle Voraussetzungen

Geld regiert die Welt! Dieser Spruch trifft ebenso auf Ihr Business zu. Der immer härter werdende Wettbewerb verlangt eine möglichst schnelle und rationelle Abwicklung jedes einzelnen Auftrags oder jeder Verkaufstransaktion. Dies setzt voraus, dass Sie über die geeigneten Arbeitsmittel verfügen und Ihre Abläufe so gut strukturieren, wie es nur möglich ist. Natürlich müssen Sie dazu erst einmal Geld für diese notwendigen Arbeitsmittel ausgeben.

Hinzu kommen die Kosten, die mit der Gründung Ihres Geschäftes verbunden sind. Es ist wie an der Börse – Sie müssen erst einmal Geld investieren, bevor Sie auch nur einen Euro zu sehen bekommen.

Auf der anderen Seite ist die Gründung und Startphase eines Geschäftes oftmals relativ günstig zu bewältigen. Besonders dann, wenn Sie zunächst nebenberuflich starten. Sie brauchen meist noch kein großes Ladenlokal, (noch) keine Mitarbeiter und vor allem keine großen Ausgaben für die Werbung zu machen.

Für den Anfang reicht ein zum Büro umfunktionierter Raum oder eine Arbeitsecke in Ihrer Wohnung völlig aus. Dazu kommen einige technische Geräte, die heutzutage fast unabdingbar sind. Die meisten davon dürften Sie aber schon zuhause haben:

- PC oder Notebook
- Internetanschluss
- Telefon

- Fax (kann auch ein kombiniertes Drucker-Faxgerät sein)
- Drucker
- Bürosoftware

Als Dienstleister müssen außerdem einige Arbeitsmittel, die für die Ausübung der Tätigkeit erforderlich sind, angeschafft werden.

Die Kosten für diese Posten können bei den einzelnen Gründern sehr unterschiedlich ausfallen, da jeder andere Voraussetzungen mitbringt.

Planen Sie den Start Ihres Geschäftes auf jeden Fall so, dass Sie ausreichende finanzielle Rücklagen haben, um mindestens 3, besser 6 Monate davon leben zu können, auch wenn Sie keine Einnahmen haben.

3.2.1 Wenn das Eigenkapital nicht ausreicht

Falls Ihr Eigenkapital nicht ausreicht, um alle nötigen Investitionen für den Start abzudecken, haben Sie verschiedene Möglichkeiten, um an Kapital zu kommen. Wenn Sie momentan arbeitslos sind, sollten Sie bei Ihrem Arbeitsamt einen Antrag auf Existenzgründerzuschuss stellen oder Überbrückungsgeld beantragen. Über die genaue Vorgehensweise beim Antrag und die Leistungen können Sie sich beim Arbeitsamt Ihrer Gemeinde oder Stadt ausführlich informieren.

3.2.2 Kredite für Existenzgründer

Gleich vorweg möchte ich ein weit verbreitetes Vorurteil aus der Welt schaffen:

Es ist keine Schande, als Existenzgründer einen oder mehrere Kredite zur Finanzierung des Geschäftes aufzunehmen!

Was im Privatleben oft verurteilt wird, ist im Geschäftsleben übliche Praxis. Fast kein Existenzgründer kann ein florierendes Unternehmen nur mit eigenem Kapital hochziehen.

Der erste Weg sollte Sie dabei zu Ihrer Hausbank führen. Vielleicht kennen Sie den Filial- oder Zweigstellenleiter schon seit längerer Zeit und sind ihm bisher als guter und treuer Kunde im Gedächtnis. Das bringt enorme Vorteile, wenn es um die Vergabe eines Kredites geht.

Der Businessplan – grundlegend wichtig!

Unabdingbar für die Vergabe eines Existenzgründer-Darlehens ist es, sich gut auf das Bankgespräch vorzubereiten und der Bank einen sogenannten Businessplan vorzulegen. Darin wird Ihr Vorhaben in allen Einzelheiten offen gelegt und es werden Berechungen für die Rentabilität und die Marktchancen des Geschäftes aufgestellt.

Einen guten Businessplan zu erarbeiten ist keine leichte Angelegenheit. Viele möchten diesen deshalb von einem Profi anfertigen lassen. Es gibt inzwischen Internetshops, in denen man fertige Businesspläne kaufen kann, die bereits erfolgreich eingesetzt wurden. Einen solchen Plan bekommen Sie preisgünstig unter

www.gruenderplan.de

Dieser kostet zwar ein paar Euro, aber diese Investition wird sich garantiert bezahlt machen!

Wenn Sie jedoch schon etwas Vorkenntnisse in diesem Bereich haben, können Sie den Businessplan natürlich auch selbst anfertigen. Entsprechende Muster zum Orientieren finden Sie per Suchmaschine im Internet.

Hilfen rund um das Thema Businesspläne bekommen Sie auch auf der folgenden Internetseite:

www.foerderland.de

Staatliche Fördermaßnahmen und – programme. So kommen Sie an's Geld!

Wenn das Gespräch mit Ihrer Hausbank keinen Erfolg gebracht hat, bieten sich diverse staatliche Förderprogramme für Existenzgründer an.

Das Neuheiten- & Trendartikelgeschäft

Beachten Sie jedoch, dass auch diese Programme immer über Ihre Hausbank beantragt werden müssen. Bleiben Sie also auch bei der Ablehnung eines Kreditwunsches der Bank gegenüber fair – Sie könnten die Bank später noch brauchen!

Die staatlichen bzw. öffentlichen Förderprogramme und Existenzgründer-Kredite bieten im Allgemeinen hervorragende Konditionen, z.B.

- Keine Tilgung in der Startphase des Unternehmens
- Danach über Jahre sehr niedrige Zinsen
- Lange Kaufzeiten der Kredite und dadurch
- Niedrige Raten

Eine wichtige Anlaufstelle für staatliche Fördermittel ist die Deutsche Ausgleichsbank, kurz DtA. Sie fördert seit mehr als einem halben Jahrhundert die Existenzgründung mittelständischer Unternehmen. Über die Einzelheiten der Programme und Leistungen können Sie sich bei Ihrer Hausbank oder unter folgenden Internetadressen informieren:

www.dta.de

www.kfw.de

Auch die einzelnen deutschen Bundesländer bieten eine Vielzahl von verschiedenen Förderprogrammen für Existenzgründer an. Dort können u.U. noch bessere Konditionen gefunden werden, als bei den oben aufgezählten Banken. Leider würde es den Rahmen sprengen, all diese Förderprogramme hier aufzuzählen und zu beschreiben. Informieren Sie sich daher am besten wieder bei Ihrer Hausbank.

3.2.3 Exkurs: Günstige Kredite aus der Schweiz und Luxemburg – ein Geheimtipp!

Wer nach einem günstigen Kredit sucht, sollte auch mal über den Tellerrand schauen und sich im Ausland umsehen. Nachfolgend sollen Ihnen einige Möglichkeiten aufgezeigt werden, wie

Sie in den Ländern Schweiz und Luxemburg günstige Kredite erhalten können.

Schweiz

Es ist ein offenes Geheimnis, dass in der Schweiz Kredite billiger als in der Bundesrepublik Deutschland zu bekommen sind. Das Zinsniveau liegt etwa 5% unter dem bei uns. Die Gründe hierfür sind wohl hauptsächlich darin zu sehen, das die Schweiz als Hort für internationale Gelder angesehen wird. Die "Gnomen" haben also viel Geld, das - wenn es Gewinne erwirtschaften soll - arbeiten muss.

Dennoch wird man Ihnen auf Ihre schönen blauen Augen hin auch in der Schweiz kein Geld nachwerfen, denn Sicherheiten sollten Sie schon haben. Die beliebteste Sicherheit für eine ausländische Bank ist eine Bürgschaft von einer deutschen Bank. Diese Bürgschaft setzt in der Bundesrepublik ein ordentliches Konto, eine hohe Kreditlinie und eine gute Schufa - Auskunft voraus. Sofern Sie diese Voraussetzungen erfüllen, können Sie in der Tat von einem zinsgünstigen Kredit in der Schweiz profitieren.

Sofern Sie diese Bedingungen nicht erfüllen und aufgrund dessen auch keine Bankbürgschaft erhalten, können Sie andere Sicherheiten anbieten. Das mögen die Übereignung einer Lebensversicherung, einer Immobilie, eines Autos im entsprechenden Wert und andere Sachwerte wie eine Münz- oder Briefmarkensammlung, Schmuck oder Gemälde etc. sein.

Sofern Sie die Bürgschaft eines deutschen Kreditinstituts in Anspruch nehmen (können), müssen Sie hierfür allerdings auch bezahlen. Im Allgemeinen verlangen die Banken 0,5% der Bürgschaftssumme - bezogen auf ein Jahr. Rechnen Sie also vor Inanspruchnahme eines Kredits in der Schweiz oder Luxemburg genau durch, was Sie der Gesamtaufwand kostet, da mancher billige Kredit durch die Nebenkosten erheblich verteuert wird,

Das Neuheiten- & Trendartikelgeschäft

Denken Sie auch daran: in dem Moment, wo Sie eine Bürgschaft beantragen, bzw. diese Ihnen gewährt wird, fallen schon die ersten Bereitstellungszinsen an.

Wenden Sie sich zunächst an einige Kreditinstitute, um von dort Angebote zu erhalten und miteinander zu vergleichen.

Fassen Sie Ihr Schreiben unbedingt mit der Schreibmaschine ab und lassen Sie von sich aus den Empfängern folgende Informationen zukommen:

- Wer ist der Kreditnehmer, Personalien, Adresse etc.?
- Welche Bank bürgt für Sie?
- Welcher Betrag - Kredithöhe - wird benötigt?
- Wozu wird der Kredit benötigt?
- Wie soll die Laufzeit aussehen 6 Monate, ein Jahr oder länger?
- Wann benötigen Sie den Kredit (frühestens/spätestens)?
- Wie gedenken Sie zu tilgen?

Beantworten Sie dem Bankinstitut diese Fragen im voraus, dann sparen Sie sich Zeit und Schreiberei.

Offerieren Sie außerdem die erforderlichen Unterlagen zur Einsicht, ohne sie indes schon beizufügen.

Adressen von Schweizer Banken finden Sie in den "Gelben Seiten" (Branchenbuch), die Sie von folgender Anschrift beziehen können:

Mosse Adress AG, Binzstr. 18, Postfach, CH- 8045 Zürich, Schweiz (Tel.: 01 - 461 4800)

Das Neuheiten- & Trendartikelgeschäft

Luxemburg

Für Luxemburg gilt in punkto Sicherheiten das Gleiche wie für die Schweiz. Da jedoch die dort ansässigen Geldinstitute weniger Festgeldreserven (zur Einlagensicherung) benötigen als etwa in der Bundesrepublik Deutschland, können Sie mehr Kapital verleihen - und damit mehr Zinsen einnehmen. Das wiederum wirkt sich auf den Zinssatz günstig aus.

Daneben ist Luxemburg als europäischer Hauptfinanzplatz daran interessiert auch künftig keine Quellensteuer zu erheben. Allerdings kann niemand sicher voraussagen, wie lange diese Steuerfreiheit noch bestehen bleibt.

Anders als in der Schweiz können Sie sich in Luxemburg sogar an die Zweigstellen deutscher Banken wenden, die dort nach luxemburgischen Recht ihre Kredite vergeben. Dadurch haben Sie in vielen Fällen die Möglichkeit, sich über die Kontaktstellen in Deutschland weiterführende Informationen zu den einzelnen Angeboten zu beschaffen. Es sind dies folgende Anschriften:

- **Berliner Bank International, Société Anonyme,**

  Boite Postal 71, L- 2010 Luxembourg,

  Tel. 00352 - 4778 -1

- **BfG Luxembourg S.A., rue Jean Bertholet,**

Das Neuheiten- & Trendartikelgeschäft

L- 1233 Luxembourg,

Tel: 00352 - 45 22 551

- **Commerzbank International, Société Anonyme,**

  Boite Postal 303, L- 2010 Luxembourg,

  Tel. 00352 - 47 79 11 - 1

- **Compagnie Luxembourgoise de la Dresdener Bank AG**

  26, rue du Marcheé- aux Herbes, L- 1728 Luxembourg,

  Tel. 00352 - 47 60 1

- **Deutsche Bank Luxembourg S.A.,**

  Boite Postal 586, L- 2015 Luxembourg,

  Tel. 00352 - 4 68 18 - 1

- **Helaba - Hessische Landesbank International**

Boite Postal 1702, L-1017 Luxembourg,

Tef. 00352 - 499 40 11

- **Hypobank International, Société Anonyme**

  37, bd. Du Prince Henri, L-1144 Luxembourg

  Tel. 00352 - 4775 - 1

- **Landesbank Rheinland Pfalz Internatinoal S.A.,**

  rue de I´Ancien Athéné, L-1144 Luxembourg

  Tel. 00352 - 47 59 21 - 1

- **Landesbank Schleswig Holstein International S.A.,**

  18, boulevard Royal, L-2449 Luxembourg,

  Tel. 00352- 48 18 42- 1

- **Südwestdeutsche Landesbank Luxembourg S.A.,**

Das Neuheiten- & Trendartikelgeschäft

Boite Postal 626, L- 2016 Luxembourg,

Tel. 00352 - 45 35 45 - 1

- **Trinkhaus & Burkhardt International S.A.**

Boite Postal 579, L- 2015 Luxembourg,

Tel. 00352 - 47 18 47 - 1

- **West LB International S.A, Luxembourg,**

Boite Postal 420, L- 2014 Luxembourg,

Tel. 00352 - 44 74 11

4. Die Firmengründung

Es ist nun also soweit – das Konzept steht! Bevor Sie aber mit dem Geldverdienen loslegen können, sind noch einige Auflagen zu erfüllen. Tun Sie dies nicht, drohen empfindliche Strafen seitens des Gesetzgebers bzw. vom Finanzamt. Das Ganze ist aber gar nicht so schwierig, wie Sie vielleicht denken.

4.1 Die richtige Rechtsform wählen

Sie starten in der Regel Ihre Tätigkeit als Einzelunternehmen, egal, ob haupt- oder nebenberuflich. In Punkto Buchhaltung und Steuern haben wir es hier mit der weitaus einfachsten Form der Existenzgründung zu tun. Diese Rechtsform entsteht sozusagen automatisch, wenn Sie allein ein Geschäft eröffnen. Folglich sind Sie allein der Geschäftsführer und -inhaber und haften im Fall der Fälle mit Ihrem gesamten Privatvermögen.

Das gilt ebenso, wenn Sie sich mit Ihrem Partner oder einem Freund bzw. Verwandten selbstständig machen wollen. In diesem Fall nennt sich die einfachste Rechtsform „GbR = Gesellschaft bürgerlichen Rechts". Sie ist absolut vergleichbar in ihren Rechten und Pflichten mit der Einzelunternehmung – nur eben für zwei- oder mehr Gründer.

Die nachfolgenden Fakten gelten also für beide Rechtsformen. In der Regel beginnen Sie Ihr Geschäft als sogenannter „Kleinunternehmer". Dafür gelten bestimmte Umsatzhöchstgrenzen, die Sie anfangs aber ganz sicher nicht überschreiten werden.
Sie müssen sich als Kleinunternehmer weder ins Handelsregister eintragen lassen, noch eine komplette kaufmännische Buchführung einrichten. Eine einfache Einnahme-Überschuss-Rechung reicht dafür völlig aus (mehr dazu später).

In Ihren Geschäftspapieren müssen Sie als Einzelunternehmer oder GbR Ihre(n) vollen Namen angeben. Als Firmenbezeichnung sind lediglich Zusätze wie „Versandhandel Peter Müller" zulässig. Grund dafür ist, dass eine Firma, die nicht im Handelsregister eingetragen ist, nicht mehr ausfindig gemacht werden kann, wenn sie verzogen ist und kein Name in der Firmenbezeichnung vorhanden ist.

4.2 Die Gewerbeanmeldung – jetzt gehts los!

Der grundlegende Schritt auf dem Weg zum eigenen Chef ist die Anmeldung eines Gewerbes. Das kann meistens bei Ihrer Stadt- bzw. Gemeindeverwaltung erledigt werden und dauert nur ein paar Minuten. Nehmen Sie zu diesem Termin unbedingt Ihren (gültigen) Personalausweis mit.

Die Anmeldung erfolgt durch das Ausfüllen eines vorgefertigten Formulares. Oft macht dies der Beamte für Sie, bei manchen Behörden muss es der Anmelder selbst tun. In das Formular müssen u.a. folgende Angaben eingetragen werden:

- Persönliche Daten, wie Name, Adresse und Telefonnummer
- Art des Gewerbes
- Mitarbeiterzahl
- Beginn der gewerblichen Tätigkeit usw.

Beachten Sie unbedingt, dass Sie für den Beginn der gewerblichen Tätigkeit kein zurückliegendes Datum angeben, das könnte große Probleme mit dem Finanzamt geben. Unter dem folgenden Link können Sie sich einen Musterbogen für eine Gewerbeanmeldung ansehen, damit Sie schon vorher wissen, welche Fragen auf Sie zukommen:

http://www.selberhandeln.de/servlet/PB/show/1009445/Gewerbe-Anmeldung-muster.pdf

Das Neuheiten- & Trendartikelgeschäft

Noch ein Tipp: Die nachfolgende Adresse bietet eine Checkliste mit Fragen rund um die Gewerbeanmeldung:

http://www.vnr.de/imperia/md/content/vnrde/9.pdf

> **Tipp:**
> Unter „Angemeldete Tätigkeit" sollten Sie eine möglichst weitläufige Bezeichnung wählen, wie z.B. „Handel mit erlaubnisfreien Waren aller Art über Internet"
>
> Das erspart Ihnen spätere kostenpflichtige Änderungen in Ihrer Gewerbeanmeldung!

Nachdem Sie die Gewerbeanmeldung abgeschlossen und einen Betrag von 15-30 Euro an die Stadtkasse entrichtet haben, sind Sie jetzt stolzer Inhaber eines Unternehmens und Ihr eigener Chef!

HERZLICHEN GLÜCKWUNSCH!

4.3 Was kommt nach der Gewerbeanmeldung?

Nach der Gewerbeanmeldung werden von Ihrer Stadt- bzw. Gemeindeverwaltung automatisch einige weitere Institutionen benachrichtigt, die sich in Kürze schriftlich melden werden. Die wichtigsten sind:

4.3.1 Das Finanzamt

Das für Sie zuständige Finanzamt bekommt eine Durchschrift der Gewerbeanmeldung von der Anmeldestelle zugesandt und wird sich daraufhin umgehend bei melden und Ihnen einen sogenannten „Betriebseröffnungsbogen" zuschicken. In diesem Bogen müssen Sie detaillierte Angaben zu Ihrer Person und dem Betrieb machen.

Das Finanzamt fragt Sie außerdem nach dem zu erwartenden Gewinn Ihres Betriebes im ersten Jahr. Hier sollten Sie nicht mit großen Zahlen „protzen", sondern eher zurückhaltend sein, da sonst erhebliche Steuervorauszahlungen auf Sie zukommen können.

Die meisten Gründer setzen hier einfach „Null" ein, da sie davon ausgehen, im ersten Jahr noch keine Gewinne einfahren zu können. So müssen sie noch keine Steuervorauszahlungen leisten. Aber Vorsicht: Am Ende des Jahres wird abgerechnet! Und wenn Sie wider Erwarten doch ansehnliche Gewinne einfahren konnten, müssen Sie die entsprechenden Steuern nun nachzahlen.

4.3.2 Die Industrie- und Handelskammer

Die Industrie- und Handelskammer, kurz IHK, ist sozusagen die Gewerkschaft der Unternehmer. Sie vertritt ihre Mitglieder gegenüber Behörden, Gerichten und der Politik. Außerdem steht sie ihren Mitgliedern mit Informationen, Beratungen und Schulungen zur Seite.

Mit der Anmeldung eines gewerblichen Wirtschaftsbetriebes werden Sie automatisch und zwangsweise Mitglied Ihrer zuständigen IHK. Dafür verlangt die IHK eine Gebühr, die jährlich zu entrichten ist. Es gibt jedoch Gewinnmindestgrenzen, bis zu denen keine Mitgliedbeiträge erhoben werden. Da Sie als Existenzgründer sehr wahrscheinlich darunter fallen, sollten Sie sich deswegen keine Sorgen machen. Die IHK wird Sie mit einem Fragebogen anschreiben und nach den zu erwartenden Gewinnen fragen. Wenn Sie keine oder nur sehr geringe Gewinne in Aussicht stellen, wird man Sie vom Beitrag befreien.

4.3.3 Berufsgenossenschaften

Nach Ihrer Gewerbeanmeldung wird sich auch die zuständige Berufsgenossenschaft schriftlich bei Ihnen melden. Hauptaufgabe dieser Genossenschaft ist der Arbeitsschutz und die Unterstützung nach berufsbedingten Unfällen und bei Krankheiten. Auch dort werden Sie Pflichtmitglied und müssen einen Jahresbeitrag zahlen, für den jedoch das Selbe gilt wie bei der IHK.

Das Neuheiten- & Trendartikelgeschäft

5. Die betriebliche Buchführung – ganz leicht!

Als Selbstständiger bekommen Sie nicht mehr jeden Monat ein Gehalt ausgezahlt und brauchen sich sonst um nichts zu kümmern. Als Unternehmer haben Sie eine sogenannte „Buchführungspflicht", um die Zahlungsein- und -ausgänge genau zu dokumentieren und dadurch die korrekten Steuern und Sozialabgaben abführen zu können.

Um die richtige Buchführung ranken sich viele Geschichten und Geheimnisse. Manche meinen, das könne nur ein Steuerberater oder ausgebildeter Buchhalter machen. Alles Quatsch! Als Existenzgründer sollten Sie den leichten Weg gehen, den ich im Folgenden beschreiben werde.

5.1 Der einfache Weg zur korrekten Buchführung

Grundsätzlich unterscheidet man zwei Arten der betrieblichen Buchführung:

- Die vereinfachte Form der Buchführung
- Die vollständige (doppelte) Buchführung

Die vollständige Buchführung mit Bilanzierung ist für einen Laien allein nicht zu schaffen. Hier ist immer ein ausgebildeter Buchhalter oder Steuerberater notwendig.

Die einfache Buchführung hingegen können Sie auch selbst durchführen. Man spricht hier auch von der „Einnahme-

Überschuss-Rechnung". Das heißt, die Einnahmen Ihres Betriebs (z.B. aus Warenverkäufen) werden einfach den Ausgaben (z.B. Wareneinkäufen beim Großhändler) gegenübergestellt und der (hoffentlich) verbleibende Überschuss stellt Ihren Gewinn dar.

Diese vereinfachte Form der Buchführung unterliegt zwei Bedingungen:

- Sie dürfen nicht im Handelsregister eingetragen sein
- Ihr (voraussichtlicher) Jahresgewinn beträgt höchstens 30.000 Euro und der Jahresumsatz liegt nicht über 350.000 Euro.

Es sollte also für Sie kein Problem sein, die vereinfachte Buchführung zu nutzen. Wie bereits erwähnt, brauchen Sie bei der Einnahme-Überschuss-Rechnung lediglich Ihre Einnahmen aufzulisten und davon die Ausgaben abzuziehen. Und das machen Sie am besten so:

Der Bereich Einnahmen sollte in mehrere Unterkonten aufgeteilt werden, z.B.

- Warenverkäufe
- Provisionen
- Umsatzsteuererstattungen des Finanzamtes
- Veräußerungserlöse betrieblicher Wirtschaftsgüter
- Sonstige Betriebseinnahmen

Genauso verfahren Sie bei den Ausgaben und teilen auch diese in mehrere Konten ein:

- Wareneinkäufe

Das Neuheiten- & Trendartikelgeschäft

- Löhne & Gehälter incl. Steuern (falls Sie Mitarbeiter beschäftigen)
- Soziale Aufwendungen
- Büromaterial
- KFZ-Kosten (nur der betriebliche Anteil)
- Telefon, Porto etc.
- Abschreibungen
- Umsatzsteuerzahlungen an das Finanzamt
- Sonstige Betriebsausgaben

Am Monatsende stellen Sie einfach alle Kosten gegenüber und erhalten so Ihren Gewinn oder Verlust. Am Jahresende kann man durch addieren der Monatszahlen den Jahresgewinn bzw. –verlust ermitteln.

5.2 Die geeignete Buchhaltungssoftware – völlig kostenlos!

Alle Einnahmen und Ausgaben per Hand zu archivieren wäre allerdings viel Arbeit und heutzutage völlig überholt. Sie brauchen also eine einfache Buchhaltungssoftware, mit der Sie Ihre Buchführung komfortabel und zeitsparend machen können.

Nichts leichter als das! Als optimal für diesen Zweck hat sich das Programm „Easy Cash & Tax" erwiesen. Es wird als sogenannte „Charityware" angeboten, das heißt, die Software ist voll funktionsfähig und frei kopierbar. Außerdem ist sie kostenfrei, bei gefallen steht es Ihnen jedoch frei, dem Entwickler eine Spende in beliebiger Höhe zukommen zu lassen.

Die Bedienung von „Easy Cash & Tax" ist intuitiv und denkbar einfach. Eine genaue Anleitung gibt es auf der Website dazu.

Und hier können Sie sich „Easy Cash & Tax" herunterladen:

http://www.easyct.de/

Zusätzlich und ebenfalls kostenlos erhalten Sie hier jeweils die neuesten Updates und Zusatzmodule für Ihre Software, z.B. für die elektronische Übertragung Ihrer Umsatzsteuervoranmeldung an das Finanzamt.

5.3 Steuern – machen Sie es sich leicht!

Der Steuerdschungel ist ein leidiges Thema. Doch auch hier wollen wir uns es leicht machen und betrachten nur die Steuern, die Anfangs für Ihr neu angemeldetes Gewerbe in Frage kommen.

5.3.1 Umsatzsteuer (Mehrwertsteuer)

Achtung: Der folgende Abschnitt gilt nur für Existenzgründer, die bei ihrer Gewerbeanmeldung **nicht** die Kleinunternehmerregelung beantragt haben. Die Kleinunternehmerregelung besagt, dass Sie darauf verzichten, die Umsatzsteuer in Ihren Rechnungen geltend zu machen, dafür aber auch beim Wareneinkauf keine Vorsteuer abziehen dürfen.

Dieser Steuer unterliegt jeder, der selbstständiger Unternehmer ist, also eine gewerbliche Tätigkeit selbstständig ausübt. Die Umsatzsteuer wird auf alle Rechnungsbeträge aufgeschlagen. Sie beträgt z.Zt. 16 %, allerdings werden für manche Waren und Dienstleistungen (z.B. Lebensmittel, Bücher, Zeitschriften, Honorare etc.) nur 7 % Umsatzsteuer fällig.

Umsatzsteuer, umgangssprachlich auch Mehrwertsteuer genannt, ist im Prinzip fremdes Geld – nämlich dem Finanzamt gehörend. Deshalb müssen Sie es umgehend abführen. Sie können allerdings vorher die Umsatzsteuer abziehen, die Sie selbst an Ihre Lieferanten oder für andere geschäftliche Dinge bezahlt haben. Dieses nennt sich „Vorsteuerabzug"

Beispiel zur Umsatzsteuerhandhabung:

Sie verkaufen ein Handy. Es erzielt einen Verkaufspreis von 100.- EUR. Von diesen 100.- EUR müssen Sie 16% = 16.- EUR als Umsatzsteuer an das Finanzamt abführen.

Bei Ihrem Lieferanten, z.B. dem Großhändler, haben Sie einen Einkaufspreis von 75.- EUR für das Handy bezahlt. In diesem Preis stecken ebenfalls 16% Umsatzsteuer = 12.- EUR.

Diese 12.- EUR, die Sie ja für das Handy mitbezahlt haben, ziehen Sie nun von den 16.- EUR aus dem Verkauf ab. Die Differenz von 4.- EUR ist der Betrag, den Sie tatsächlich an das Finanzamt abführen müssen. Sie entspricht genau 16% Ihres erzielten Gewinnes (100.- EUR – 75.- EUR = 25.- EUR / 16 % = 4.- EUR).

Zahlungsfrist für Umsatzsteuer:

Im ersten Jahren Ihrer Selbstständigkeit wird das Finanzamt auf jeden Fall verlangen, dass Sie Ihre Umsatzsteuer monatlich abführen. Sobald Sie die erste Jahressteuererklärung eingereicht haben, wird dann die Zahlungsfrist neu festgelegt, und zwar in Abhängigkeit Ihres Umsatzes.

5.3.2 Einkommenssteuer

Die Einkommenssteuer, bei Nichtselbstständigen auch Lohnsteuer genannt, bezahlen Sie aufgrund dessen, was Sie als Einzelperson verdienen. Sie berechnet sich aus Ihrem Gewinn, der nach Abzug von Sonderausgaben und Werbungskosten übrigbleibt – aus dem Überschuss also, den Sie haben, wenn Sie Ihre Ausgaben von den Einnahmen abziehen.

Wenn Sie Ihre Selbstständigkeit beginnen, erkennt das Finanzamt normalerweise an, dass Sie viele finanzielle Belastungen haben und verlangt zumindest im ersten Jahr noch keine Einkommenssteuerzahlungen von Ihnen. Aber Vorsicht: Wer gleich von Anfang an hohe Umsätze und damit gute Gewinne macht, muss mit hohen Nachzahlungen rechnen.

> Tipp:
>
> Als Faustregel gilt: Sie sollten von Anfang an rund 50 % Ihrer Gewinne zurücklegen, um davon später alle Steuern zahlen zu können. Die anderen 50 % können Sie getrost für Ihren Lebensunterhalt ausgeben. Damit sind Sie immer auf der sicheren Seite.

5.3.3 Gewerbesteuer

Die Gewerbesteuer muss von jedem Gewerbebetrieb bezahlt werden, der mit seinen Umsätzen eine bestimmte Höchstgrenze überschreitet. Erhoben wird diese Steuer von Ihrer Stadt- oder Gemeindeverwaltung.

Aufgrund der recht hohen Grenze, unter der Sie keine Gewerbesteuer bezahlen müssen, werden Sie in den ersten Jahren Ihrer Selbstständigkeit damit nicht in Berührung kommen. Über die genauen Grenzbeträge können Sie sich wiederum bei Ihrer Stadt- bzw. Gemeindeverwaltung informieren.

5.4 Versicherungen – so viel Sicherheit brauchen Sie

Die richtigen Versicherungen zu finden ist wirklich nicht gerade einfach. Wahrscheinlich sind Sie in diesem Bereich schon aus Ihrem Privatleben vorbelastet. Als Gewerbetreibender kommen in diesem Bereich eine Fülle an neuen Versicherungsformen hinzu. Ich möchte es Ihnen hier wieder so einfach wie möglich machen und behandele deshalb nur die Versicherungen, die Sie am Anfang Ihrer Selbstständigkeit erfahrungsgemäss wirklich brauchen.

5.4.1 Private Versicherungen

Als Selbstständiger haben Sie es gut: Wenn Sie einmal krank oder sonst irgendwie verhindert sind, müssen Sie nicht zwangsweise zum Arzt gehen und ein Attest beim Arbeitgeber einreichen. Sie sind völlig frei und können selbst entscheiden, wann Sie arbeiten wollen und wann nicht.

Doch die Sache hat einen Haken: Wenn Sie einmal arbeiten wollen, aber z.B. wegen einem Unfall oder längerer Krankheit nicht mehr können, zahlt Ihnen niemand ein Gehalt weiter. Sie stehen also vor dem Nichts – es sei denn, Sie sind gut versichert.

Die Krankenversicherung – unverzichtbar!

Als Angestellter Arbeitnehmer waren Sie über Ihren Arbeitgeber zwangsweise krankenversichert und mussten sich wenig um solche Belange kümmern. Als Selbstständiger müssen Sie dagegen selbst für Ihren Schutz sorgen. Dabei haben Sie zwei Möglichkeiten: Sie können sich freiwillig weiter in einer gesetzlichen Krankenversicherung weiter versichern lassen oder zu einer privaten Krankenversicherung wechseln.

Die gesetzliche Krankenversicherung bietet einen großen Vorteil: Die Familienversicherung. Das heißt, wenn Ihr Partner nicht selbst berufstätig ist, ist er kostenlos bei Ihnen mit krankenversichert. Auch Ihre Kinder sind in dieser freiwilligen Versicherung mit eingeschlossen.

Dagegen steht allerdings ein recht hoher Beitragssatz, den es zu zahlen gilt. Gerade am Anfang, wenn Sie noch keine großen

Einnahmen haben, wird dieser einer der größten Posten in Ihren monatlichen Belastungen sein. Allerdings ist eine Krankenversicherung heutzutage unverzichtbar.

Falls Sie sich eher für die Versicherung in einer privaten Krankenkasse interessieren, sollten Sie folgendes bedenken: Wenn Sie einmal von der gesetzlichen in die private Krankenversicherung gewechselt sind, gibt es kein zurück mehr, d.h. die gesetzliche Krankenkasse wird Sie nicht mehr als Mitglied aufnehmen.

Viele Existenzgründer wechseln übereilt in eine private Krankenversicherung, weil die Beiträge anfangs um einiges günstiger sein können. Leider wendet sich dieses Blatt oft mit zunehmendem Alter und es werden horrende Summen für den Versicherungsschutz fällig. Überlegen und vergleichen Sie also genau und unterschreiben Sie nicht voreilig einen Vertrag!

Krankentagegeldversicherung

Eine Krankentagegeldversicherung ist oft schon in Ihrer Krankenversicherung enthalten. Sie springt normalerweise dann ein, wenn Sie einmal länger als 6 Wochen krank sind. Da aber 6 Wochen für einen Selbstständigen durchaus den finanziellen Ruin bedeuten können, kann es sich lohnen, eine Zusatzversicherung für diesen Fall abzuschließen. Sie springt dann schon früher ein und sichert Ihre Existenz.

Dabei können Sie meist flexibel wählen, wann diese Zusatzversicherung einspringen soll und wie viel Tagegeld sie zahlen soll. Ich brauche sicher nicht zu erwähnen, dass die Versicherung umso teurer wird, je früher sie einspringen soll.

Berufsunfähigkeitsversicherung

Diese Versicherung sollte man unbedingt als Ergänzung zur Krankenversicherung abschließen. Sie zahlt dann eine sogenannte „Invalidenrente", wenn Sie nach 6 Monaten Krankheit überhaupt nicht mehr arbeiten können. Diese Rente richtet sich nach dem Invaliditätsgrad und beginnt bei 25 oder 50% Invalidität.

Rentenversicherung

Als Angestellter brauchen Sie sich um die Rentenversicherung keine Sorgen zu machen – Sie sind über Ihren Arbeitgeber pflichtversichert. Anders geht es da dem Selbstständigen. Er hat keine Pflicht, für das Alter vorzusorgen. Wenn er es freiwillig tut (und das sollte er auf jeden Fall!), hat er mehrere Möglichkeiten.

Sie könnten sich freiwillig in der gesetzlichen Rentenversicherung weiter versichern, doch das machen die wenigsten Selbstständigen. Der Grund dafür ist, dass Ihre Rentenansprüche nur ganz wenig ansteigen – selbst, wenn Sie den Höchstsatz an Beiträgen Monat für Monat einzahlen. Also eine eher schlechte Lösung.

Für Selbstständige ist eine private Vorsorgelösung viel besser geeignet. Da es unzählige Formen dieser Vorsorgemaßnahmen gibt, sollten Sie sich mit einem unabhängigen Versicherungsberater zusammensetzen und nach einer guten Lösung suchen.

Unfallversicherung

Hier haben Sie die Wahl zwischen der gesetzlichen und der privaten Unfallversicherung, manche schließen sogar beides ab. Die gesetzliche Unfallversicherung wird über die für Sie zuständige Berufsgenossenschaft abgeschlossen und deckt ausschließlich Unfälle ab, die bei der Ausübung Ihres Berufes passieren. Sie ist für Selbstständige, die im Freien arbeiten, oft unterwegs sind oder mit gefährlichen Stoffen hantieren, obligatorisch. Für Selbstständige, die nur am Schreibtisch arbeiten ist sie dagegen verzichtbar.

Das Neuheiten- & Trendartikelgeschäft

Die private Unfallversicherung deckt alle Unfälle ab, die Ihnen im Privatleben bzw. in der Freizeit passieren. Ob diese für Sie sinnvoll ist, hängt von Ihren persönlichen Gewohnheiten, Hobbys, Reisen etc. ab.

5.4.2 Betriebliche Versicherungen

Die betrieblichen Versicherungen sollen für alle Eventualitäten in Ihrer Firma Sicherheit bieten. Es gibt unzählige Arten und Modelle für betriebliche Versicherungen – sie alle aufzuzählen würde den Rahmen dieses Buches sprengen. Außerdem hängen diese Versicherungen von so vielen individuellen Faktoren ab, dass sich keine seriösen pauschalen Tipps und Hinweise aufstellen lassen. Setzen Sie sich dafür unbedingt mit einem Versicherungsberater zusammen, idealerweise einem, der unabhängig ist, d.h. keiner einzelnen Versicherungsgesellschaft angehört.

Zum besseren Überblick hier eine kurze Übersicht der wichtigsten betrieblichen Versicherungen:

Firmenhaftpflichtversicherung: Deckt Schäden ab, die durch die Ausübung Ihrer beruflichen Tätigkeit oder der Ihrer Mitarbeiter entstehen.

Rechtschutzversicherung: Deckt alle Rechtsstreitigkeiten ab, die bei der Ausübung Ihres Berufes entstehen, z.B. Schadensersatz, Urheberrechtsfälle, Sozialgerichtsfälle, Produkthaftung uvm.

Einbruch-/Diebstahl- & Feuerversicherung: Sichern Ihr Betriebsgebäude und die Einrichtung gegen diese Elementarschäden ab. Oft werden die Versicherungen in einem kombinierten Paket angeboten.

Betriebsunterbrechungsversicherung: Diese tritt dann in Kraft, wenn in Ihrem Betrieb die Produktion von Waren oder die Ausübung von Dienstleistungen durch Feuer, Energieausfall, Maschinenschäden o.ä. unterbrochen wird. Sie können meistens selbst auswählen, wie lange diese Versicherung bei einem Schaden einspringen soll. Natürlich ist das auch eine Kostenfrage.

Transportversicherung: Wenn Sie Waren oder Arbeitsmittel zu Interessenten und Kunden befördern, kann die Ware gestohlen oder durch Unfälle und Elementarschäden zerstört werden. In diesen Fällen greift die Transportversicherung und ersetzt die entstandenen Schäden. Den Umfang können Sie dabei meist selbst festlegen.

Das Neuheiten- & Trendartikelgeschäft

6. Marketing – unterwegs in eigener Sache

Wer nicht wirbt, der stirbt! Dieser platte Spruch bewahrheitet sich leider immer wieder. Doch in kaum einem anderen Bereich werden mehr Fehler gemacht, die letztendlich viel Geld kosten, als im Bereich Marketing und Werbung. Da tut guter Rat wirklich Not. Die besten und effektivsten Tipps und Ratschläge rund um das Thema Marketing bekommen Sie in diesem Kapitel.

6.1 2250 Internetadressen für kostenlose Kleinanzeigen

Welcher Unternehmer träumt nicht davon: Anzeigen massenhaft aufgeben – schnell und einfach. Wir machen es möglich! Umfangreiche Recherchen im Internet brachten über 2200 Adressen hervor, die (zumeist kostenlose) Online-Anzeigenwerbung möglich machen. Viel Spaß beim Stöbern!

Folgendes ist zu beachten:

Wir haben nachfolgend ca. 2250 Internetadressen aufgelistet bei denen Sie kostenlos Kleinanzeigen aufgeben können. Generell sollten Sie sich vor dem Aufgeben einer Anzeige davon überzeugen, ob das Inserat auch wirklich kostenlos ist. Lesen Sie in den AGB´s nach.

Sollte die eine oder andere Adresse einmal nicht funktionieren - macht nichts. Manchmal kommt es vor, dass der jeweilige Server gerade nicht zur Verfügung steht, die Seite kurzfristig aus dem Netz genommen wurde oder im schlimmsten Fall nicht mehr existiert. Gehen Sie einfach zur nächsten Adresse weiter und probieren den fehlerhaften Link in ein paar Tagen noch einmal.

Hinweis:

Das Neuheiten- & Trendartikelgeschäft

Wir haben uns Bemüht diese Adressen sorgfältig auszuwählen. Es ist aus allen Bereichen etwas vorhanden. Generell können wir für nichts garantieren.

1. http://www.gratisjagd.de
2. http://www.allerleimarkt.de/gratis.htm
3. http://195.179.18.13/markt/default.asp
4. http://www.markt-donau-ries.de/kleinanzeigen/body.
5. http://212.162.3.71/megaanzeiger/anzeigen/veransta
6. http://212.168.20.205/home/computer/kleinanzeigen.
7. http://212.168.6.138/cgi-bin/cyberboard.cgi?neu=ne
8. http://213.68.32.204/Anzeigen/msz/anz.nsf/b59fae41
9. http://213.69.112.19/beintrag/n_1002.html
10. http://alles.quoka.de/
11. http://andreas-diem.at/kleinanzeigen/
12. http://anzeigen.hof.net/cgi-bin/seite1.pl?rubrik=1
13. http://anzeigen.kleinezeitung.at/job/anzclu_job.ta
14. http://anzeigenboerse.here.de/
15. http://anzeigenmarktplatz.bierostalgie.de
16. http://artmed-webdesign.de/webkatalog/kleinanzeige
17. http://bayern-live.com/job/job.htm
18. http://businesspark.org/Anzeigen/Anzeige.htm
19. http://cj-journal.de/cgi-bin/anzeigen-oase/classif
20. http://cooy.de/
21. http://darkmole.de/kleinanzeigen/
22. http://darkmole.de/kleinanzeigen/addad.html
23. http://derladen.net/anzeige/anzeige.mv?bazfrag
24. http://diabetes-forum.com/cgi-local/advert.pl?defi
25. http://edersee.com/anzeigen/
26. http://extranet.unserefirma.de/anzeigen/8-12.asp
27. http://freegazette.com/de/index.html
28. http://gefahr.com/
29. http://hallein.net/inserate/cgi-bin/fm_div.cgi
30. http://hallein.net/inserate/cgi-bin/fm_jobs.cgi
31. http://home.chiemgau.com/aschweig/index1.html
32. http://home.t-online.de/home/bodo8849/
33. http://home.t-online.de/home/brese/

Das Neuheiten- & Trendartikelgeschäft

34. http://home.t-online.de/home/conny.parotat/lesen.h
35. http://hometown.aol.com/mcanli6235/index.htm
36. http://http://www.diesundjenes.de
37. http://im-internet.nu/niederbayern/kleinanzeigen/c
38. http://joachim-recovery.de/kleinanzeigen
39. http://joachim-recovery.de/kleinanzeigen/addad.htm
40. http://just-another-site.de/kleinanzeigen
41. http://just-another-site.de/kleinanzeigen/addad.ht
42. http://ka.parsimony.net/kleinanzeigen116/
43. http://ka.parsimony.net/kleinanzeigen143/
44. http://ka.parsimony.net/kleinanzeigen590/
45. http://ka.parsimony.net/kleinanzeigen596/
46. http://ka.parsimony.net/kleinanzeigen598/
47. http://ka.parsimony.net/kleinanzeigen70/
48. http://ka.parsimony.net/kleinanzeigen99/
49. http://ka.parsimony.net/neu/
50. http://karrieredirekt.jobline.org/
51. http://kleinanzeigen.computent.de/neueintrag.php3
52. http://kleinanzeigen.freenet.de/
53. http://kostenlos.freepage.de/tauschboerse/
54. http://luebeck.net/
55. http://luebeck.net/cgi-bin/guide/kexreg.cgi
56. http://luebeck.net/cgi-bin/st_angebote.cgi
57. http://m2000.obis.de/klanz-admin.asp?id=3
58. http://macfloh.de/
59. http://members.aol.com/fatima49/
60. http://members.aol.com/funksch/
61. http://members.aol.com/salzich/Page56.html
62. http://members.aon.at/aic/index.htm
63. http://members.chello.at/eva-maria.fischer/+eilnam
64. http://members.tripod.de/barca111/barca.40.html
65. http://members.tripod.de/der_katalog/
66. http://members.tripod.de/KlausMenzl/
67. http://members.tripod.de/otkon/index.html
68. http://members.tripod.de/PR2/index.html
69. http://michaelglaser.de/Markt/index.html

Das Neuheiten- & Trendartikelgeschäft

70. http://minden.express-suche.de/anzeigen/class-ad/i
71. http://mixpage.de/kleinanzeigen
72. http://mixpage.de/kleinanzeigen/addad.html
73. http://muenchen.city.de/cgi-
74. http://musica.at/Kleinanzeigen/
75. http://portal.talknet.de/home/de/xml/index.xml
76. http://purple-park.com/clad/PHP-Anzeigenmarkt.html
77. http://schnellsuchen.de/sailorsworld/links/markt/m
78. http://soulweb.com
79. http://soulweb.com/winterfloh/
80. http://sperrmuell.quoka.de/
81. http://spin.de//cgi-bin/Goodies/MultiGuestDB/YASG.
82. http://sport.exit.mytoday.de/fingerboard/frame.htm
83. http://srv.lohnt.de/freeAds/AnzeigenForm.ASP?UNR=7
84. http://stellen-anzeiger.vhf.de/cgi-
85. http://topic.com/classifieds/newad.html
86. http://treff-cafe.de/cgi-bin/klazauf.pl?auf=sonsti
87. http://uelzen-info.de/info/klein/addbiete.html
88. http://web-anzeigen.com/
89. http://wien-online.com/inserate/cgi-bin/fm_div.cgi
90. http://wien-online.com/inserate/cgi-bin/fm_jobs.cg
91. http://world-wide-shop.at/anzeigenmarkt/inserat/
92. http://wwviadukt.virtualave.net/anzeigen/fundgrube
93. http://www.123-kleinanzeigen-kostenfrei.de
94. http://www.1a-aachen.de/
95. http://www.1aaugsburg.de/
96. http://www.1a-bergisch-gladbach.de/
97. http://www.1a-berlin.de/
98. http://www.1a-bielefeld.de/
99. http://www.1a-bochum.de/
100. http://www.1a-bonn.de/
101. http://www.1a-bottrop.de/
102. http://www.1abraunschweig.de/
103. http://www.1abremen.de/
104. http://www.1abremerhaven.de/
105. http://www.1a-chemnitz.de/

Das Neuheiten- & Trendartikelgeschäft

106. http://www.1a-cityportal.de/
107. http://www.1a-cityportal.de/vorlagen/navkleinanzei
108. http://www.1a-cottbus.de/
109. http://www.1a-darmstadt.de/
110. http://www.1adortmund.de/
111. http://www.1a-dresden.de/
112. http://www.1a-duesseldorf.de/
113. http://www.1a-duisburg.de/
114. http://www.1a-erfurt.de/
115. http://www.1a-erlangen.de/
116. http://www.1a-ferienwohnungen.de/angebote-d/index-
117. http://www.1a-frankfurt.de/
118. http://www.1a-frankfurt-oder.de/
119. http://www.1a-freiburg.de/
120. http://www.1a-fuerth.de/
121. http://www.1a-gelsenkirchen.de/
122. http://www.1a-gera.de/
123. http://www.1a-goettingen.de/
124. http://www.1a-guetersloh.de/
125. http://www.1a-hagen.de/
126. http://www.1ahalle.de/
127. http://www.1a-hamburg.de/
128. http://www.1ahamm.de/
129. http://www.1ahannover.de/
130. http://www.1aheidelberg.de/
131. http://www.1a-herne.de/
132. http://www.1a-ingolstadt.de/
133. http://www.1a-internet.de
134. http://www.1a-jena.de/
135. http://www.1a-kaiserslautern.de/
136. http://www.1akarlsruhe.de/
137. http://www.1a-kassel.de/
138. http://www.myfun24.de/index.htm
139. http://www.anzeigenschleuder.com/
140. http://www.1a-kiel.de/
141. http://www.1akleinanzeigen.de

Das Neuheiten- & Trendartikelgeschäft

142. http://www.1akoblenz.de/
143. http://www.1a-koeln.de/
144. http://www.1a-krefeld.de/
145. http://www.1a-leipzig.de/
146. http://www.1a-leverkusen.de/
147. http://www.1a-lindau.de/
148. http://www.1a-ludwigshafen.de/
149. http://www.1a-luebeck.de/
150. http://www.1a-luenen.de/
151. http://www.1a-magdeburg.de/
152. http://www.1a-mainz.de/
153. http://www.1amannheim.de/
154. http://www.1a-marl.de/
155. http://www.1a-moenchengladbach.de/
156. http://www.1a-moers.de/
157. http://www.1a-muehlheim.de/
158. http://www.1a-muenchen.de/
159. http://www.1a-muenster.de/
160. http://www.1a-neuss.de/
161. http://www.1a-nuernberg.de/
162. http://www.1a-oberhausen.de/
163. http://www.1a-offenbach.de/
164. http://www.1a-oldenburg.de/
165. http://www.1a-osnabrueck.de/
166. http://www.1a-paderborn.de/
167. http://www.1a-pforzheim.de/
168. http://www.1a-potsdam.de/
169. http://www.1arecklinghausen.de/
170. http://www.1a-regensburg.de/
171. http://www.1a-remscheid.de/
172. http://www.1a-reutlingen.de/
173. http://www.1a-rheinmain.de/
174. http://www.1a-rhein-neckar.de/
175. http://www.1a-ruegen.de/
176. http://www.1a-ruhrgebiet.de/
177. http://www.1asaarbruecken.de/

Das Neuheiten- & Trendartikelgeschäft

178. http://www.1a-solingen.de/
179. http://www.1a-stuttgart.de/
180. http://www.1a-trier.de/
181. http://www.1a-ulm.de/
182. http://www.1a-velbert.de/
183. http://www.1a-westerland.de/
184. http://www.1a-wiesbaden.de/
185. http://www.1a-wismar.de/
186. http://www.1a-witten.de/
187. http://www.1a-wolfsburg.de/
188. http://www.1a-wuerzburg.de/
189. http://www.1a-wuppertal.de/
190. http://www.1a-zwickau.de/
191. http://www.1kaufen.de
192. http://www.1kaufen.de/kleinanzeigen/24/gesuche/les
193. http://www.1kaufen.de/kleinanzeigen/40/gesuche/les
194. http://www.1st-adresse.com
195. http://www.1st-Kleinanzeigen.de/computer/neueintra
196. http://www.2.mieten.at
197. http://www.2hands.de
198. http://www.2hands.de/index4.html
199. http://www.2nd-hand.ch/
200. http://www.2nd-hand.ch/classifieds/newad.html
201. http://www.2ok.de
202. http://www.49jobs.de
203. http://www.8ung.at/toppages
204. http://www.a1x.de/kleinanzeigen/addad.html
205. http://www.aachen.city-in.com
206. http://www.abc-anzeigenmarkt.de/
207. http://www.abc-anzeigenmarkt.de/cgi-bin/suite/clas
208. http://www.abinside.de/kleinanzeigen/
209. http://www.abinside.de/kleinanzeigen/addad.html
210. http://www.abisz.de/
211. http://www.accora.net
212. http://www.ad-chat.de/getpage.cgi?page=register&UI
213. http://www.adlandpro.com/GetClassCountries.asp?cat

Das Neuheiten- & Trendartikelgeschäft

214. http://www.aero-music.de/
215. http://www.agrarseiten.de/kleinanz/kleinindex.htm
216. http://www.ahaus.city-in.com
217. http://www.akoess.de/kleinanzeigen/addad.html
218. http://www.akoess.de/kleinanzeigen/index.html
219. http://www.aktuelle-jobs.de/
220. http://www.alespa.de/kleinanzeigen/addad.html
221. http://www.alespa.de/kleinanzeigen/index.html
222. http://www.alles.quoka.de/
223. http://www.allesquoka.de
224. http://www.all-forfree.de
225. http://www.allgaeu.de/cgi-bin/announce.pl/newform.
226. http://www.all-inserateline.ch/
227. http://www.allround-anzeiger.de/
228. http://www.allround-anzeiger.de/index1.htm
229. http://www.allround-markt.de
230. http://www.alpseek.com
231. http://www.alt-aber-schoen.de/
232. http://www.amberg.city-in.com
233. http://www.ameise-co.de/kleinanzeigen/addad.html
234. http://www.am-tv.de/
235. http://www.anbieten.de/cgi-local/floh/fm_job.cgi?f
236. http://www.annonce.de/
237. http://www.annoncelesen.de/submit.php3
238. http://www.annoncelesen.de/submit.php3?stage=0
239. http://www.annoncenboerse.de/
240. http://www.annoncenboerse.de/cgi-bin/annoncenboers
241. http://www.annoncenxxl.de/Adsys/ad_add.htm
242. http://www.annonce-online.de/aufgeben/index.html
243. http://www.anolis.de
244. http://www.anolis.de/kleinanzeigen/index.html
245. http://www.antik-vermittlung.de/
246. http://www.antimystik.de/seiten/homepage.html
247. http://www.anz.de/anzeigenmarkt/rubrik/4400/aufg44
248. http://www.anz.de/frame-menus/menue_anzeigenmarkt
249. http://www.anzeigemarkt.de

Das Neuheiten- & Trendartikelgeschäft

250. http://www.anzeigemarkt.de/kam/
251. http://www.anzeigen.de
252. http://www.anzeigen.heim.at
253. http://www.anzeigen.xala.de/
254. http://www.anzeigen2000.de
255. http://www.anzeigen2000.de/anzeigen/index2.html
256. http://www.anzeigenagentur.de/
257. http://www.anzeigenagentur.de/advert/advert.asp?Qu
258. http://www.anzeigenboerse.com
259. http://www.anzeigenboerse.here.de
260. http://www.anzeigenbombe.de/aufgeben.htm
261. http://www.anzeigenbu.de/bieten.htm
262. http://www.anzeigenbude.de
263. http://www.anzeigenbude.de/start.php3
264. http://www.anzeigen-erfolg.de/index2.htm
265. http://www.anzeigen-erfolg.de/inserate.htm
266. http://www.anzeigen-im-web.de/
267. http://www.anzeigen-im-web.de/klein/anzeigenaufgab
268. http://www.anzeigen-im-web.de/klein/index.html
269. http://www.anzeigenland.de/db_aufgeben.php3
270. http://www.anzeigenmarkt.de
271. http://www.anzeigenmarkt.jf-online.net/uebersicht.
272. http://www.anzeigen-oase.de/
273. http://www.anzeigenpoint.de/
274. http://www.anzeigenpoint.de/kleinanzeigen/
275. http://www.anzeigen-regional.de/
276. http://www.anzeigenschleuder.com/cgi-bin/cgilocal/
277. http://www.anzeigenservice.de/
278. http://www.anzeigenticker.de/userneu.asp
279. http://www.anzeiger2000.de/index1.html
280. http://www.anzeiger-4-all.online.de/
281. http://www.anzeiger-magazin.de/anzeigen/anzeigenfo
282. http://www.aoll.de
283. http://www.apolda.city-in.com
284. http://www.arason.de/kleinanzeigen/addad.html
285. http://www.arason.de/kleinanzeigen/index.html

Das Neuheiten- & Trendartikelgeschäft

286. http://www.arbeitsanzeige.de
287. http://www.arnberg-aktiv.de
288. http://www.ar-online.de/kleinanzeigen/addad.html
289. http://www.artmed-webdesign.de/cgi-bin/karlsruhe/a
290. http://www.artmed-webdesign.de/webkatalog/kleinanz
291. http://www.asaro-verlag.de/Kleinanzeigen/helpmenu.
292. http://www.asaro-verlag.de/Kleinanzeigen/ui.html
293. http://www.as-c.de/fundgrube/
294. http://www.aschaffenburg.city-in.com
295. http://www.astro-horoskop.de.cx
296. http://www.atlantik.de
297. http://www.atlantik.net/atlantik/employers/adverti
298. http://www.augsburg.city-in.com
299. http://www.ausschreibungspool.at/internet/kleinanz
300. http://www.auto24.ch/cgi-bin/fm_p_fm.pl?form
301. http://www.auto-motorrad.de/kleinanzeigen/
302. http://www.avis-net.de/inserieren/index.htm
303. http://www.babyflohmarkt.de/allg/anzeige.htm
304. http://www.badenpage.de/
305. http://www.bad-homburg.city-in.com
306. http://www.bad-oeynhausen.city-in.com
307. http://www.baecker.org./index2.htm
308. http://www.bamberg.city-in.com
309. http://www.bargteheide.com/cgi-bin/fm_auto.cgi
310. http://www.bautzen.city-in.com
311. http://www.bayern-live.com/job/job.htm
312. http://www.bayreuth.city-in.com
313. http://www.bazar.co.at/
314. http://www.bea-net.de
315. http://www.beepworld.de/members5/anzeiger/
316. http://www.bergstrasse.net-info.de/
317. http://www.berlin.city-in.com
318. http://www.bernau.city-in.com
319. http://www.bernolo.de/
320. http://www.besteadresse.de/gastronomie/kleinanzeig
321. http://www.bezinfo.de

Das Neuheiten- & Trendartikelgeschäft

322. http://www.bielefeld.city-in.com
323. http://www.biete.de/
324. http://www.bietenundsuchen.de
325. http://www.bietenundsuchen.de/aufgeben.php3?rubrik
326. http://www.bietenundsuchen.de/start.php3
327. http://www.bilderrahmenwelt.de/
328. http://www.bluewater.de/anzeige-neu.htm
329. http://www.bochum.city-in.com
330. http://www.bockhorn.net/kleinanzeigen.htm
331. http://www.boerse-boagentur.de
332. http://www.boote-schollerer.de/kleinanzeigen/index
333. http://www.branchenbuch.com/kleinanzeiger/index.ht
334. http://www.brandenburg.city-in.com
335. http://www.braunschweig.city-in.com
336. http://www.bremen.city-in.com
337. http://www.bremen-link.de/Kleinanzeigen/index.html
338. http://www.brigitte.de
339. http://www.bruchsal.city-in.com
340. http://www.brueggen.city-in.de
341. http://www.bruehl.city-in.de
342. http://www.bsv-buxtehude.de/kleinanzeigen/add_biet
343. http://www.buedingen.net/cgi-bin/fm/fm_stell.cgi?f
344. http://www.buedingen.net/cgi-bin/fm/fm_verk.cgi?fo
345. http://www.businesspark.org/Anzeigen/Anzeige.htm
346. http://www.buy24hours.de
347. http://www.bz-intern.de
348. http://www.cab-hamburg.de/kleinanzeigen/addad.html
349. http://www.calamus.net/de/ticker/ticker_pin.php
350. http://www.call-n-deal.de
351. http://www.campingmarkt.online.de/hauptteil_index.
352. http://www.caputh.de/kleinanzeigen/addad.html
353. http://www.carstenneumann.de
354. http://www.cartuning.com/
355. http://www.castrop-reuxel.city-in.com
356. http://www.celle.city-in.de
357. http://www.celltel.de

Das Neuheiten- & Trendartikelgeschäft

358. http://www.cgi-service.de/cgi-cgi-service/999999/a
359. http://www.chance-invest.de
360. http://www.chatx.org/anzy/cgi/suite/classifieds/cl
361. http://www.cheatup.de
362. http://www.chelita.com
363. http://www.chelita.com/cgi-bin/deutschland/floh1/c
364. http://www.chelita.com/cgi-bin/osterreich/floh1/cl
365. http://www.chelita.com/cgi-bin/schweiz/floh1/class
366. http://www.chelita.com/deutschland.html
367. http://www.chelita.com/osterreich.html
368. http://www.chelita.com/schweiz.html
369. http://www.chemnitz-info.de/treffpunkt/kleinanzeig
370. http://www.chess-international.de/kleinanzeigen/ad
371. http://www.cika.de/markt/angebot.html
372. http://www.citybeat.de/bremen/extras/anz_aufgeben.
373. http://www.citybeat.de/hamburg/extras/anz_aufgeben
374. http://www.city-in.com/index-ge.html
375. http://www.cityinfonetz.de
376. http://www.citymaxx.de/kanzeige/kanzeige.htm
377. http://www.cityserve.de/Pc-Job-Shop/
378. http://www.cityspider.de
379. http://www.claudia-astroanalysen.de/kleinanzeigen/
380. http://www.click2buy.de/anzeigen2.htm
381. http://www.cocotime.com/
382. http://www.cocotime.de
383. http://www.cologne-in.de/cgi-bin/ad?command=view&r
384. **Fehler! Hyperlink-Referenz ungültig.**
385. http://www.cologne-in.de/kleinanzeigen/index.html
386. http://www.colorworld.de/colorworld/AnzEintragen.a
387. http://www.computers.de
388. http://www.cooy.de
389. http://www.cottbus.lausitz.de/kleinanzeigen/ansehe
390. http://www.cottbus.lausitz.de/kleinanzeigen/home.h
391. http://www.courier.de/ANZEIGEN/on2on.php3
392. http://www.courier.de/ANZEIGEN/on2on.php3?ru=STM
393. http://www.crazyalex.de

Das Neuheiten- & Trendartikelgeschäft

394. http://www.crazyalex.de/kleinanzeigen_aufgeben.htm
395. http://www.crazy-flohmarkt.de
396. http://www.creativ-seiten.de/
397. http://www.c-und-e.de/kleinanzeigen/addad.html
398. http://www.cux-tips.de/kleinanzeigen/indexbiete.ht
399. http://www.cyberboard.ch/
400. http://www.cybermarket.at/secondhand.htm
401. http://www.darmstadt.city-in.com
402. http://www.das-annoncen-blatt.de
403. http://www.dasauge.de/
404. http://www.dasauge.de/cgi-bin/augemanager.pl
405. http://www.dasing.de/markt/neueintrag.php3
406. http://www.das-inselparadies.de
407. http://www.das-inserat.de/index.html
409. http://www.de1.ebm.net
410. http://www.de1.emb.net/Kleinanzeigen/
411. http://www.de2.emb.net/bop/inputform.asp?art=kap
412. http://www.deinkleinanzeigenmarkt.de/
413. http://www.deinkleinanzeigenmarkt.de/cgi-bin/Baden
414. http://www.deinkleinanzeigenmarkt.de/cgi-bin/Bayer
415. http://www.deinkleinanzeigenmarkt.de/cgi-bin/Berli
416. http://www.deinkleinanzeigenmarkt.de/cgi-bin/Brand
417. http://www.deinkleinanzeigenmarkt.de/cgi-bin/Breme
418. http://www.deinkleinanzeigenmarkt.de/cgi-bin/Hesse
419. http://www.deinkleinanzeigenmarkt.de/cgi-bin/Niede
420. http://www.deinkleinanzeigenmarkt.de/cgi-bin/Nordr
421. http://www.deinkleinanzeigenmarkt.de/cgi-bin/Rhein
422. http://www.deinkleinanzeigenmarkt.de/cgi-bin/Saarl
423. http://www.deinkleinanzeigenmarkt.de/cgi-bin/Sachs
424. http://www.deinkleinanzeigenmarkt.de/cgi-bin/SH/cl
425. http://www.deinkleinanzeigenmarkt.de/cgi-bin/Thuer
426. http://www.dental-markt.de/anzeigen/praxeinricht-k
427. http://www.dental-markt.de/anzeigen/praxeinricht-v
428. http://www.dental-markt.de/anzeigen/praxis-abgaben
429. http://www.dental-markt.de/anzeigen/praxis-gesuche
430. http://www.dental-markt.de/anzeigen/verschiedenes-

Das Neuheiten- & Trendartikelgeschäft

431. http://www.derbeamte.de
432. http://www.derbeamte.de/
433. http://www.der-dresdner-anzeiger.de/
434. http://www.derguide24.de/biete_suche.asp
435. http://www.der-hegau-bebt.de/anzeigen/aufgeben.asp
436. http://www.der-internet-bote.at.tf
437. http://www.derkleinanzeiger.de/
438. http://www.derkleinanzeiger.de//anzeigenan3.asp?D1
439. http://www.derkleinanzeiger.de/anzeigenan1.asp
440. http://www.der-webanzeiger.de
441. http://www.de-sign-web.de/stadtblick/klein/aufgebe
442. http://www.detmold.city-in.com
443. http://www.deutsche-in-spanien.de/kleinanzeigen/
444. http://www.deutsche-in-spanien.de/kleinanzeigen/ad
445. http://www.d-f-e.de/kleinanzeigen
446. http://www.d-f-e.de/kleinanzeigen/addad.html
447. http://www.dhd.de/
448. http://www.dhd.de/CGI/rubrikseiten.cgi?lu=/fr_w2_k
449. http://www.dhd.de/CGI/seite.cgi?lu=/fr_w2_kleinanz
450. http://www.die-annonce.de
451. http://www.dieboerse.de/
452. http://www.dieboerse.de/cgi-bin/kleinan/add_adv.pl
453. http://www.dieengel.com/
454. http://www.die-kleinanzeigen.de/
455. http://www.die-kleinanzeigen.de/impressum.htm
456. http://www.die-kleinanzeigen.de/nutzungsbedingunge
457. http://www.die-kleinanzeige-online.de
458. http://www.die-koelner.de/ANZEIGEN/ijobs.htm
459. http://www.die-koelner.de/ANZEIGEN/isonst.htm
460. http://www.die-koelner.de/index_j.html
461. http://www.die-kraehe.de/
462. http://www.diesundjenes.com/cgi-bin/neu_1.pl/0A050
463. http://www.diesundjenes.com/cgi-bin/neu_rubriken.p
464. http://www.dietierwelt.net
465. http://www.die-trucker-seite.de/html/kostenlose_kl
466. http://www.digiduke.de

Das Neuheiten- & Trendartikelgeschäft

467. http://www.directworld@net-in.de
468. http://www.dloheide.de
470. http://www.don-net.de/kleinanzeigen/stellen/index.
471. http://www.showkoch.de/
472. http://www.doroshop.de/
473. http://www.dortmund.city-in.com
474. http://www.downtownmusic.de/kleinanzeigen/addad.ht
475. http://www.dpvm.de/kleinanzeigen/input.php3
476. http://www.dresden.city-in.com
477. http://www.dresden-online.de
478. http://www.dresden-online.de/arbeit/
479. http://www.dresdner-anzeiger.com/
480. http://www.drigo.de/kleinanzeigen
481. http://www.drigo.de/kleinanzeigen/addad.html
482. http://www.druck.de
483. http://www.dssv.org/Seiten/anzeigen3.html
484. http://www.dueren.city-in.com
485. http://www.duisburg.city-in.com
486. http://www.e-ad.de
487. http://www.eaol.de
488. http://www.e-comerce.de/kleinanzeigen/
489. http://www.e-comerce.de/kleinanzeigen/addad.html
490. http://www.ederhof.de/wehrda/addarbeit.html
491. http://www.ederhof.de/wehrda/addsonstiges.html
492. http://www.edv-branche.de
493. http://www.eichsfeld.com/markt/
494. http://www.eichsfeld.com/markt/add.cgi
495. http://www.eingang.ch/fm/cgi/fm_antik.cgi?form
496. http://www.eingang.ch/stellen/cgi/stellen_verkauf.
497. http://www.einkaufsroute.de/kostenlose-kleinanzeig
498. http://www.ekz-gmk.at
499. http://www.elicity.de/kleinanzeigen/
500. http://www.elicity.de/kleinanzeigen/addad.html
501. http://www.ems-jade-online.de/Klanz/gewerbl/Form_A
502. http://www.ems-jade-online.de/Kleinanzeigen/index.
503. http://www.emsland-aktuell.com/markt/index.htm

Das Neuheiten- & Trendartikelgeschäft

504. http://www.endersnet.de
505. http://www.endersnet.de/anzeigen/anz_new.php3
507. http://www.erfurt.city-in.com
508. http://www.eschwege.city-in.com
509. http://www.escol.de/kleinanzeigen/addad.html
510. http://www.esj.de/kleinanzeigen/addad.html
511. http://www.esoterik-forum.de/forum.htm
512. http://www.essen.city-in.com
513. http://www.essen-steele.de/kleinanzeigen/addad.htm
514. http://www.esslingen.city-in.com
515. http://www.ettlingen.city-in.com
516. http://www.europa-infoshop.de
517. http://www.eurorelations.de/kleinanzeigen/addad.ht
518. http://www.eurostadtmarkt.de
519. http://www.everythingfree.de
520. http://www.evi2000.de/cgi-bin/cas/conf_e1/cas.cgi?
521. http://www.exite.de/auktionen/katalog32134
522. http://www.exite.de/spide/katalog/25484
523. http://www.fahrradhof-heersum.de/kleinanzeigen/
524. http://www.fahrradhof-heersum.de/kleinanzeigen/add
525. http://www.faicon.freepage.de
526. http://www.fashion-base.de/flohmarkt.htm
527. http://www.fast-alles.de/kleinanzeigen.htm
528. http://www.feelinx.de/kleinanzeigen/
529. http://www.feelinx.de/kleinanzeigen/addad.html
530. http://www.fernix.de/kaschalten.php4
531. http://www.feuerflamme.de/anzeigen/
532. http://www.fewothai.de/kleinanzeigen/addad.html
533. http://www.findall.de
534. http://www.findall.de/Kleinanzeigen/
535. http://www.findling.de
536. http://www.findling.de/fg_Rubins?27227327427527627
537. http://www.findling.de/frameset.html
538. http://www.findling.de/insframeset.htm
539. http://www.firemile.org/class/
540. http://www.firmenetagen.de

Das Neuheiten- & Trendartikelgeschäft

541. http://www.fisk-und-mehr.de
542. http://www.fisk-und-mehr.de/
543. http://www.fivemile.org/class/aufg_mask.php3?rubri
544. http://www.flensburg.city-in.com
545. http://www.flexweb.de/inserate/
546. http://www.flirtweb.com
547. http://www.flohmarkt-allgaeu.de/
548. http://www.flohmarktbasar.de
549. http://www.flohmarktbasar.de/
550. http://www.flohmarkt-donau-ries.de/aufgform.html
551. http://www.flohmarkt-hamburg.de/
552. http://www.flohmarkt-verlag.de/
553. http://www.flohnet.ch/cgi-bin/flohnet.cgi?action=r
554. http://www.fortunecity.com/skyscraper/techie/12/in
555. http://www.forum-vogelsberg.de/
557. http://www.foto-flohmarkt.de/
558. http://www.fraenkische-nacht.de/html/anzform.htm
559. http://www.fragezeichen.net
560. http://www.frankfurt-main.city-in.com
561. http://www.franz-heuer.de
562. http://www.frechen.city-in.com
563. http://www.freeads4u.net/german/flohmarkt/index.ht
564. http://www.freeads4u.net/german/job/index.htm
565. http://www.freeads4u.net/german/tauschen/index.htm
566. http://www.freeads4u.net/german/umsonst/index.htm
567. http://www.free-cgi.com/freecgi/classads/newad.asp
568. http://www.freecity.de
569. http://www.freegazelle.com
570. http://www.freegazette.ch/d/index.html
571. http://www.freegazette.com/
572. http://www.freegazette.com/at/index.html
574. http://www.freizeitboerse-bodensee.de/formular.htm
575. http://www.freizeit-gemeinde.de/Unterkunfte/Insera
576. http://www.freizeitkontakte.com/
577. http://www.fritzles.de/kleinanzeigen/addad.html
578. http://www.frodo.de/cgi-local/fm/fm_job.cgi?form

Das Neuheiten- & Trendartikelgeschäft

579. http://www.fsrerpol.ch/cgi-bin/fm_immo.cgi?form
580. http://www.fueralles.de
581. http://www.fuer-immer-schlank-sein.de/
582. http://www.fuldainfo.de/
583. http://www.fundgrueb.ch/default.asp?PType=Inserat
584. http://www.fundgrueb.ch/FG_pages/arbmsk_e.htm
585. http://www.fundgrueb.ch/FG_Pages/Startup2.htm
586. http://www.fundplatz-anzeigen.de
587. http://www.furttalweb.ch/cgi-bin/fm/fm_jobs.cgi?fo
588. http://www.gallus-online.de
589. http://www.gauco.de/artikel_eingeben.php3
590. http://www.gebraucht-laden.de/cgi-bin/markt.pl?ses
591. http://www.gebraucht-markt.ch
592. http://www.gebraucht-markt.ch/
593. http://www.gebraucht-markt.ch/arbeit/form/form.arb
594. http://www.gebrauchtwarenkaufhaus.de/
595. http://www.gebrauchtwarenkaufhaus.de/kleinanzeigen
596. http://www.gecokom.de/cgi-local/scripte/fbw-classi
597. http://www.geldmaschine.org
598. http://www.geldmaxi.de
599. http://www.geomarkt.de
600. http://www.georgius.de/marktplatz/kleinanzeigenmar
601. http://www.germancgi.de/markt/rp8.html
602. http://www.german-mail.de/~ujakubowski/cgi-bin/fm
603. http://www.germanywork.de/angebote/angebot-login.a
604. http://www.gersitz.de/
605. http://www.gewerbesurfer.com
606. http://www.giessen.city-in.com
607. http://www.gleitschirmfreunde.de
608. http://www.gmos.de
609. http://www.goemarkt.de/index_start.html
610. http://www.goerlitz.city-in.com
611. http://www.goettingen.city-in.com
612. http://www.goldgrube.at
613. http://www.gratisanzeige.at/
614. http://www.gratis-anzeigen.ch

Das Neuheiten- & Trendartikelgeschäft

615. http://www.gratis-inserate.ch/
616. http://www.gratis-inserate.ch/form/add.html
617. http://www.gratisinserieren.com
618. http://www.gratis-kleinanzeigen.com
619. http://www.gratis-kleinanzeigen.de/deutschland/sta
620. http://www.gratismarkt.ch/aufgeben.php3
621. http://www.gratiswebpromotion.de
622. http://www.gratiswebpromotion.de/menue.html
623. http://www.gratis-web-training.de
624. http://www.gratiswelt.here.de
625. http://www.greven.city-in.com
626. http://www.greven.net/ns4/asp/Klein/Klein.asp?mode
627. http://www.gr-tornado.ch/markt/frameset/fr.markt.h
628. http://www.gruenpflanzen.com/wwwboard/wwwboard.htm
629. http://www.gruiten-online.de/k_auf.htm
630. http://www.guetersloh.city-in.com
631. http://www.gup-immo.com/anzeige/
632. http://www.gup-immo.com/anzeige/index.html
633. http://www.gup-immo.com/cgi-local/fm_dud.cgi
634. http://www.gup-immo.com/cgi-local/fm_hh.cgi
635. http://www.gup-immo.com/cgi-local/fm_job.cgi
636. http://www.gup-immo.com/cgi-local/fm_kom.cgi
637. http://www.guterdraht.de
638. http://www.guterdraht.de/cgi-bin/anzeigen_inserier
639. http://www.guxme.de
640. http://www.haho.de/kleinanzeigen/addad.html
641. http://www.halle.city-in.com
642. http://www.hallein.net/inserate/cgi-bin/fm_div.cgi
643. http://www.hallein.net/inserate/cgi-bin/fm_jobs.cg
644. http://www.hamburg.city-in.com
645. http://www.hamburg-web.com/kleinanzeigen/aufgeben.
646. http://www.hameln.city-in.com
647. http://www.hamsterzucht.de.vu/
648. http://www.handwerker-marktplatz.de/sonstiges.htm
649. http://www.hannover-web.com/kleinanzeigen.htm
650. http://www.hansis-kleines-yahuu.de

Das Neuheiten- & Trendartikelgeschäft

651. http://www.hapi-world.com/anz.htm
http://www.hebi.nu/duessel/
653. http://www.heidelberg.city-in.com
654. http://www.herford.city-in.com
655. http://www.herrlichkeit-lembeck.de
656. http://www.herrlichkeit-online.de
657. http://www.hessen-center.de
658. http://www.hgh-net.de/market
659. http://www.hhmeinen.de
660. http://www.hifinet.de/service/flohmrkt.htm
661. http://www.highflyer.de/
662. http://www.hof.city-in.com
663. http://www.homburg.city-in.com
664. http://www.homepage.swissonline.ch/delfini/pwand/m
665. http://www.horizont.net
666. http://www.horizont.net/jobs/stellenmarkt/angebot/
667. http://www.hotspace.de
668. http://www.hot-world.de
669. http://www.hoyerswerda.city-in.com
670. http://www.hpo-online.de
671. http://www.hsb-office.de/cgi-bin/fm_sonst.cgi?form
672. http://www.htreisen.de
673. http://www.huder.de/cgi-bin/kleinanzeiger/ff_klein
674. http://www.hunde.ch/inserate/inserate_inhalt.htm
675. http://www.i-a.de/neuanlage.phtml
676. http://www.icansay.de/
677. http://www.igdmb.de/kleinanzeigen/
678. http://www.igdmb.de/kleinanzeigen/addad.html
679. http://www.ihrangebot.ch/Pageline/IhrAngebot.NSF/N
680. http://www.ihr-erfolg-mit-allesmax.de
681. http://www.ihr-geld.de
682. http://www.ikzl.com/
683. http://www.im-koelner-norden.de/kmarkt.asp
684. http://www.inal.de
685. http://www.inal.de/am/5.html
686. http://www.info-serve.de

Das Neuheiten- & Trendartikelgeschäft

687. http://www.info-serve.de/anzeigen/add.phtml?Aname=
688. http://www.info-serve.de/anzeigen/index.phtml
689. http://www.info-serve.de/anzeigen/read.html?aname=
690. http://www.info-serve.de/anzeigen/read.phtml?Aname
691. http://www.info-serve.de/anzeigen/ubersicht.phtml
692. http://www.info-serve1.de/anzeigen/read.phtml?Anam
693. http://www.infoservice24.com/jobs/firmen/firmen_re
694. http://www.info-sh.de/verkauf/ferien.html
695. http://www.info-sh.de/verkauf/freizeit.html
696. http://www.info-sh.de/verkauf/start.html
697. http://www.info-sh.de/verkauf/tiere.html
698. http://www.info-sh.de/verkauf/wohnen.html
699. http://www.in-germany.de/kleinanzeigen/add.html
700. http://www.inseratboerse.at/
701. http://www.inseratboerse.at/gratisanzeiger.htm
702. http://www.inseratebox.ch
703. http://www.inseratebox.ch/cgi-bin/classifieds/clas
704. http://www.inserato.de
705. http://www.inserent.de/
706. http://www.insidershop.de/kleinanzeigen/addad.html
707. http://www.insidershop.de/kleinanzeigen/index.html
708. http://www.interbulletin.com/ger/
709. http://www.interguide.de
710. http://www.interguide.de/classifieds/index.html
711. http://www.intermarket.de/flohmarkt.htm
712. http://www.intermedien.com/inserat/html/anzeigen_a
713. http://www.internet-allgemeine.de
714. http://www.internet-equipment.de/anzeigenmarkt/plz
715. http://www.internet-kleinanzeiger.de/
716. http://www.internet-kleinanzeiger.de/member_login.
717. http://www.internet-markt.de
718. http://www.internet-markt.de/kleinanzeigen/new.asp
719. http://www.inter-net-markt.net/
720. http://www.internett-zeitung.de/kleinanzeigen/adda
721. http://www.internett-zeitung.de/kleinanzeigen/inde
722. http://www.internet-verzeichnis.de/cgi-bin/myslink

Das Neuheiten- & Trendartikelgeschäft

723. http://www.interpunkt.de
724. http://www.interpunkt.de/registrierung.php3?X=guj6
725. http://www.interwb.ch
726. http://www.interweb.ch/cgi/emailinglist.exe?ShowAd
727. http://www.interweb.ch/cgi/emailinglist.exe?ShowLi
728. http://www.ior.de/iservice/anzeiger/neu.cgi?user=7
729. http://www.ipunkt-apensen.de/privanz/aflo.htm
730. http://www.ipunkt-apensen.de/privanz/ajobboer.htm
731. http://www.iqanzeigen.de/IQ/insert.hbs?AGRUPPE=Ste
732. http://www.iqanzeigen.de/IQ/insert.hbs?AGRUPPE=Ver
733. http://www.ironmike.de
734. http://www.iscenter.de/cgi-bin/flohmarkt/fm_sonst.
735. http://www.iscenter.de/stellen/stellen.htm
736. http://www.istfree.de
737. http://www.jena.city-in.com
738. http://www.jennecken.de
739. http://www.jennecken.de/
740. http://www.jenspaessler.de/Paessler-Web/kleinanzei
741. http://www.job-annonce.de
742. http://www.jobboerse.de
743. http://www.job-consult.com
744. http://www.jobline.okteam.com
745. http://www.jobmix.de
746. http://www.jobmix.de/
747. http://www.jobonline.de
748. http://www.jobplanet.de
749. http://www.jobscout24.de/buildnewframe.asp?C=jia.a
750. http://www.jobsoffer.de/
751. http://www.jobticket.de
752. http://www.job-wahl.de/
753. http://www.joe-bar-team.de/joe.cgi?action=kleinanz
754. http://www.joergthiem.de/anzeiger/anzeiger.html
755. http://www.jr-computer.de/Anzeigen/menu.htm
756. http://www.jugoma.de
757. http://www.jus2learn.de/kleinanzeigen/addad.html
758. http://www.k-24.de/

Das Neuheiten- & Trendartikelgeschäft

759. http://www.k-24.de/index.asp
760. http://www.k-24.de/inhalt_asp_aktion~bild_dwert~0_
761. http://www.k-24.de/inhaltedit.asp?aktion=neu
762. http://www.kaarst.city-in.com
763. http://www.kaeseblatt.de/cgi-bin/kleinanzeigen/k-a
764. http://www.kam.9s-net.de
765. http://www.kam.9s-net.de/anz_new.php3?box1=8
766. http://www.kanadanews.de/advertise/index.html
767. http://www.karlsruhe.city-in.com
768. http://www.karstedt.de/markt.htm
769. http://www.kassel.city-in.com
770. http://www.kassel-flohmarkt.de
771. http://www.kassel-info.de/kleinanzeigen/
772. http://www.katalogzentrum.de
773. http://www.katharsis-ek.de/main.htm
774. http://www.katzen.ch/inserate/inserate_inhalt.htm
775. http://www.kein-handicap.de
776. http://www.kellenberg.de/kleinanzeigen
777. http://www.kellenberg.de/kleinanzeigen/addad.html
778. http://www.kempen.city-in.com
779. http://www.kestennus.de/kleinanzeigen
780. http://www.kestennus.de/kleinanzeigen/add_biete.ht
781. http://www.kiel.city-in.com
782. http://www.kingsnakesoft.de/index0.html
783. http://www.kirchen-city.de/kleinanzeigen
784. http://www.kirchen-city.de/kleinanzeigen/addad.htm
785. http://www.kis-line.com/kleinanz.htm
786. http://www.klangecke.de/kleinanzeigen/addad.html
787. http://www.klein-anzeige.de/
788. http://www.klein-anzeigen.ch/classifieds/newad.htm
789. http://www.kleinanzeigen.die-auswahl.de/cgi-bin/fm
790. http://www.kleinanzeigen.net/neu.php3
791. http://www.kleinanzeigen24.ch
792. http://www.kleinanzeigendienst.de
793. http://www.kleinanzeigendienst.de/kleinanzeigen/jo
794. http://www.kleinanzeigeniminternet.de

Das Neuheiten- & Trendartikelgeschäft

795.	http://www.kleinanzeigen-rheinland.de
796.	http://www.kleinanzeigen-rheinland.de/aufgeben.htm
797.	http://www.kleinanzeiger.at/formular.html
798.	http://www.kleinanzeiger.de/
799.	http://www.kleinanzeiger-berlin.de/
800.	http://www.kleinanzeiger-dresden.de/
801.	http://www.kleinmarkt.ch
802.	http://www.kleinmarkt.ch/cgi-bin/classifieds/class
803.	http://www.kleinmarkt.ch/index2.html
804.	http://www.kleinmarkt.de/script/fm_jobs.pl?form
805.	http://www.kleinmarkt.de/script/fm_sonst.pl?form
806.	http://www.klostergefluester.de/kleinanzeigen/
807.	http://www.klostergefluester.de/kleinanzeigen/adda
808.	http://www.klz.aol.de/servlet/InsNeuMaske?ID=20194
809.	http://www.knetsch.de/anzeigen/index.html
810.	http://www.koblenz.city-in.com
811.	http://www.koeln.city-in.com
812.	http://www.koelner.de/aktuell/kleinanzeigen/index.
813.	http://www.koelner.de/aktuell/kleinanzeigen/kde_fo
814.	http://www.kolo.de/KostenLos/Dienste/Inserate/inse
815.	http://www.kolonnaden.de/kostenlose-kleinanzeigen/
816.	http://www.konsum-dresden.de/community/gb_biete/de
817.	http://www.kontaktanzeiger.at/catalog/create_accou
818.	http://www.konz.de/kleinanzeigen/anzeigen//fm_job.
819.	http://www.konz.de/kleinanzeigen/anzeigen//fm_misc
820.	http://www.kop5.de/kleinanzeigen/
821.	http://www.kop5.de/kleinanzeigen/addad.html
822.	http://www.korbach.city-in.com
823.	http://www.korschenbroich.city-in.com
824.	http://www.kostenlos-besucher.de
825.	http://www.kostenlose-gewerbliche-kleinanzeigen.de
826.	http://www.kostenlose-kleinanzeigen.de/
827.	http://www.kostenlose-kleinanzeigen.de/cgi-kk/inse
828.	http://www.kostenlose-kleinanzeigen.net/
829.	http://www.kostgarnix.de
830.	http://www.krefeld.city-in.com

Das Neuheiten- & Trendartikelgeschäft

831. http://www.kriens-info.ch/flohmarkt/index.php3?SIT
832. http://www.krocker.de/info_pool/anzeigen/anz_aufge
833. http://www.kuertennet.de/kleinanzeigen
834. http://www.kuertennet.de/kleinanzeigen/addad.html
835. http://www.kulturstern.com/kleinanzeigen/index.htm
836. http://www.kursnord.de/kleinanzeigen/addad.html
837. http://www.kur-werbung.de/hamsterneu/index.htm
838. http://www.kurzbewerbung.de
839. http://www.kuscheluhu.ixy.de
840. http://www.labertal.de/anzeigenmarkt.htm
841. http://www.landau.city-in.com
843. http://www.lausitzanzeiger.de/
844. http://www.lausitz-anzeiger.de/
845. http://www.lausitzanzeiger.de/indexms.htm
846. http://www.lconnect.de/formular.htm
847. http://www.leckel.com/kleinanzeigen1.htm
848. http://www.leer-info.de/anzeigen/class-ad/index1.h
849. http://www.leipzig.city-in.com
850. http://www.leipzig-info.net/bbs/index.shtml
851. http://www.leipzig-info.net/index.shtml
852. http://www.leipzig-online.de/service/kleinanzeigen
853. http://www.leodom-gruppe.de/kleinanzeigen.de
854. http://www.leverkusen.de/forum/neueintrag.php
855. http://www.linkshaenderseite.de/kleinanz.html
856. http://www.linktaem.de
857. http://www.linktausch.de/kleinanzeigen/addad.html
858. http://www.linktausch.de/kleinanzeigen/index.html
859. http://www.linzmann.de/kleinanzeigen/
860. http://www.linzmann.de/kleinanzeigen/addad.html
861. http://www.lippenet.de/kleinanzeigen/
862. http://www.lippenet.de/kleinanzeigen/addad.html
863. http://www.lippstadt-aktiv.de
864. http://www.loadup.de/kleinanzeigen/addad.html
865. http://www.lokaltreff.de/markt/jobs/?xSID=20001206
866. http://www.lokmagazin.de/online/eisenbahn/suche_un
867. http://www.ludwigshafen.net-info.de

Das Neuheiten- & Trendartikelgeschäft

868. http://www.luebeck.city-in.com
869. http://www.lueneburg.city-in.com
870. http://www.lueneburger.de/cgi-bin/_lbg-anzeigen/jo
871. http://www.lueneburger-marktplatz.de/
872. http://www.luxus2000.de
873. http://www.luxus2000.de/01/
874. http://www.luxus2000.de/c/s.dll/fm_son.cgi?form
875. http://www.lychen2000.de/kleinanzeigen/
876. http://www.lychen2000.de/kleinanzeigen/addad.html
877. http://www.mace.de/de/index.htm
878. http://www.magdeburg.city-in.com
879. http://www.mailstore.com
880. http://www.mailstore.com/flirttreff.htm
882. http://www.maiservice.de/cgi-bin/user.pl
883. http://www.maler-pfaff.de/kleinanzeigen/addad.html
884. http://www.malhigh.com/ads/class-d.htm
885. http://www.malhigh.com/ads/class-d1.htm
886. http://www.malhigh.com/ads/class-d2.htm
887. http://www.mannheim.city-in.com
888. http://www.marbar.de
889. http://www.marine.de
890. http://www.markenkauf.de/Kleinanzeigen/kleinanzeig
891. http://www.markt.ch/newentry.pl
892. http://www.marktallee.de/cgi-bin/jobboerse.cgi?for
893. http://www.marktanzeiger.de
894. http://www.marktplatz-ffb.de/cgi-bin//fm_auto.cgi?
895. http://www.marktplatznrw.de/kleinanzeigen/index.ht
896. http://www.marktplatz-ruhr.de/anzeige/
897. http://www.marktplatz-ruhr.de/anzeige/neueintrag.p
898. http://www.marktplatz-ruhr.de/jobs/neueintrag_ange
899. http://www.marten-aktuell.de/index3.htm
900. http://www.martin-charles.de/kleinanzeigen/
901. http://www.mastermind.ch/classpro/newad.html
902. http://www.mastertools.ch/markt/form_new_article.a
903. http://www.maurizio-online.de
904. http://www.mayer-concept.de/kleinanzeigen/

Das Neuheiten- & Trendartikelgeschäft

905. http://www.mayer-concept.de/kleinanzeigen/addad.ht
906. http://www.mcoffer.de/neuereintrag.php3
907. http://www.mecweb.de/
908. http://www.media-flohmarkt.de/buch/buch.html
909. http://www.mediaforce.de/php/kaki/klein_markt/
910. http://www.meetingpoint.ch/cgi-bin/WebObjects/Mark
911. http://www.megaanzeiger.de
912. http://www.megaanzeiger.de/jobs/cgi-bin/jobs.cgi?f
913. http://www.megagirl.freesite.de/
914. http://www.meine-kleinanzeige.de
915. http://www.mein-steigerwald.de/marktplatz/anzeigen
916. http://www.meissen.city-in.com
917. http://www.mellige.ch/cgi-bin/gbook.cgi?/markt/job
918. http://www.members.magnet.at/helixx/gb/klanzeingab
919. http://www.menschen-online.de/zk-kdstamm/start/S01
920. http://www.mercedesoldtimermarkt.de/cgi-bin/classi
921. http://www.merseburg.city-in.com
922. http://www.mfro.de/anzeigen/add.html
923. http://www.mh-office.de
924. http://www.michaelglaser.de/Markt/Biete/index.html
925. http://www.michaelglaser.de/Markt/Kleinanzeige/ind
926. http://www.minianzeigen.de/
927. http://www.mkinfo.de/index00.html
928. http://www.mk-line.de/cgi-bin/klanz.cgi?md=addform
929. http://www.model.de
930. http://www.modellbahnsoftware.de/index.htm
931. http://www.monyletter.de
932. http://www.mrweb.de/anzeigen
933. http://www.mrweb.de/anzeigen/
934. http://www.ms-fotodesign.de/kleinanzeigen/addad.ht
935. http://www.msp-netmarkt.de
936. http://www.msp-netmarkt.de/kunden/Azeingeben.php3
937. http://www.mtk-regional.de/badsoden/index.htm
938. http://www.mtk-regional.de/eppstein/index.html
939. http://www.mtk-regional.de/eschborn/index.html
940. http://www.mtk-regional.de/floersheim/index.html

Das Neuheiten- & Trendartikelgeschäft

941. http://www.mtk-regional.de/hattersheim/index.html
942. http://www.mtk-regional.de/hochheim/index.html
943. http://www.mtk-regional.de/hofheim/index.html
944. http://www.mtk-regional.de/kelkheim/index.html
945. http://www.mtk-regional.de/kriftel/index.html
946. http://www.mtk-regional.de/liederbach/index.html
947. http://www.mtk-regional.de/schwalbach/index.html
948. http://www.mtk-regional.de/sulzbach/index.html
949. http://www.muehlhausen.city-in.com
950. http://www.muenchen.city-in.com
951. http://www.muenchenscout.de/kleinanzeigen/addad.ht
952. http://www.muenchenscout.de/kleinanzeigen/index.ht
953. http://www.muenster.city-in.com
954. http://www.muenster-live.de/
955. http://www.mufa.de/kategorie.php3?kategorie=Kleina
956. http://www.musica.at/Kleinanzeigen/
957. http://www.musicforum.de/xxxx/default.htm
958. http://www.musikermarkt.de
959. http://www.myjobsoffer.de
960. http://www.mytoday.de
961. http://www.mytoday.de/IQ/home.hbs
962. http://www.myworld24.de
963. http://www.natali.de/kleinanzeigen/addad.html
964. http://www.natali.de/kleinanzeigen/index.html
965. http://www.nentwig-online.de
966. http://www.net4u.ch/net4u/ger/fundform-ger.html
967. http://www.netanzeiger.de
968. http://www.netanzeiger.de/anzeigen/passwort.asp?ca
969. http://www.net-in.de
971. http://www.net-inserat.de/cgi-bin/fm_versc.pl?form
972. http://www.net-inserat.de/index.html
973. http://www.net-markt.ch/flohmarkt/fInserat.htm
974. http://www.net-power.de/disc11_post.htm
975. http://www.net-power.de/sachsenheim/disc18_post.ht
976. http://www.nettchat.de/kleinanzeigen/addad.html
977. http://www.nettdesign.de/scripts/karstedt/eintrage

Das Neuheiten- & Trendartikelgeschäft

978. http://www.network-online.de/Anzeigen/anzeigen.htm
979. http://www.network-online.de/kleinanzeigen/addad.h
980. http://www.netzboerse1.de/inserat_aufgeben.html
981. http://www.netzmarkt.de
982. http://www.neubrandenburg.city-in.com
983. http://www.neuerlink.de
984. http://www.neueroeffnung.de
985. http://www.neunburgnet.de/kleinanzeigen/index.html
986. http://www.neunkirchen.city-in.com
987. http://www.neusser-web.de/kleinanzeigen/addad.html
988. http://www.neusser-web.de/neuss.htm
989. http://www.neuwied.city-in.com
990. http://www.news-letter.de/anzeigen/aufgeben.htm
991. http://www.niederkruechten.city-in.com
992. http://www.niewedi.de
993. http://www.nk-net.com/pinnwand/
994. http://www.nordhorn.city-in.com
995. http://www.nordpilot.de/cgi-bin/kleinanz.cgi?form
996. http://www.novesium.de/kleinanzeigen/addad.html
997. http://www.novesium.de/kleinanzeigen/index.html
998. http://www.novosan.de/kleinanzeigen/addad.html
999. http://www.nuernberg.city-in.com
1000. http://www.numisworld.de
1001. http://www.oase.com/anzeigen/anzeigen.cgi?add_item
1002. http://www.oberbergisches-land.de/cgi-bin/classifi
1003. http://www.oberberg-online.de/marktplatz/angeschr.
1004. http://www.oberhausen.city-in.com
1005. http://www.occshop.ch
1006. http://www.occshop.ch/Shop/default.html
1007. http://www.officesky.net
1008. http://www.oldenburg.city-in.com
1009. http://www.oldtraktor.de/kleinanzeigen/lesen.asp?k
1010. http://www.oneworld.de/scripts/fairtrd.prg?page=d_
1011. http://www.oneworld.de/scripts/fairtrd.prg?VN=1142
1012. http://www.oneworld.de/scripts/fairtrd.prg?VN=1146
1013. http://www.oneworld.de/scripts/fairtrd.prg?vn=5621

Das Neuheiten- & Trendartikelgeschäft

1014. http://www.oneworld.de/scripts/fairtrd.prg?VN=5857
1015. http://www.onlinekleinanzeigen.de
1016. http://www.online-nachrichten.de/kleinanzeigen/sch
1017. http://www.opanet.de/kleinanzeigen/addad.html
1018. http://www.oppenrod.de/addarbeit.html
1019. http://www.oppenrod.de/addsonstiges.html
1020. http://www.o-shop.de/html/anzeigenmarkt.php3
1021. http://www.osnabrueck.city-in.com
1022. http://www.ostalbforum.de/
1023. http://www.paderborn.city-in.com
1024. http://www.paessler-web.de
1025. http://www.paessler-web.de/kleinanzeigen
1026. http://www.papeterie.de/kleinanzeigen/addad.html
1027. http://www.papeterie.de/kleinanzeigen/index.html
1028. http://www.patti-versand.de/kleinanzeigen/addad.ht
1029. http://www.patti-versand.de/kleinanzeigen/index.ht
1030. http://www.patzsch.de/cgi-bin/fm_job.cgi?form
1032. http://www.p-design.de/kleinanzeigen/addad.html
1033. http://www.p-design.de/kleinanzeigen/index.html
1034. http://www.pegatec.de/kleinanzeigen/
1035. http://www.pegatec.de/kleinanzeigen/addad.html
1036. http://www.people.freenet.de/hirsch/kleinanzeigenm
1037. http://www.pepnet.de
1038. http://www.personensucher.de/Dienstleister/AuftrDA
1039. http://www.personensucher.de/Geschaeft/AuftrGK/auf
1040. http://www.personensucher.de/Job/AuftrJA/hauptteil
1041. http://www.personensucher.de/Job/job.html
1042. http://www.peters-webcorner.de/jobs/index.shtml
1043. http://www.petras-home.de
1044. http://www.pfahlweb.de
1045. http://www.pferdebranchen.de/anzeigen/cgi-bin/anz.
1046. http://www.pferde-info.de/c/s.dll/dbanzmarkt/db.cg
1047. http://www.pforzheim.city-in.com
1048. http://www.pforzheim.net/anzeigenform.htm
1049. http://www.pforzheim.net/jobform.htm
1050. http://www.phlipsen.purespace.de/anzeigen.html

Das Neuheiten- & Trendartikelgeschäft

1051. http://www.phone-soft.at/cyber-world/board/index.h
1052. http://www.piconet.de/ka_main.phtml?action=mypass&
1053. http://www.pinzgau.co.at/gb/klanzeingabe.html
1054. http://www.pirna.city-in.com
1055. http://www.planet-interkom.de/michael.mueller18/ei
1056. http://www.planet-interkom.de/michael.mueller18/in
1057. http://www.pommernanzeiger.de/anzeiger/anzeiger.ht
1058. http://www.pommernanzeiger.de/kleinanzeigen/addad.
1059. http://www.pop-business.de
1060. http://www.potsdam.city-in.com
1061. http://www.praktikumsanzeigen.de/
1062. http://www.preisbombe.de/index2.html
1063. http://www.prinzgauweb.at
1064. http://www.privatanzeigenmarkt.de
1065. http://www.privatinserat.de
1066. http://www.privatinserat.de/htmldocs/stellanei.htm
1067. http://www.psychologische-telefonberatung.de/mainz
1068. http://www.purple-park.de
1069. http://www.purple-park.de/clad/Allesundmehr.html
1070. http://www.purple-park.de/clad/Allesundvielmehr.ht
1071. http://www.purple-park.de/clad/Anbieters-Anzeigenm
1072. http://www.purple-park.de/clad/Anzeigenmarkt.html
1073. http://www.purple-park.de/clad/AnzeigenmarktTopTop
1074. http://www.purple-park.de/clad/Anzeigenservice.htm
1075. http://www.purple-park.de/clad/anzeiger.html
1076. http://www.purple-park.de/clad/auto.html
1077. http://www.purple-park.de/clad/Berliner_Marktplatz
1078. http://www.purple-park.de/clad/BizzPark-Hamburg.ht
1079. http://www.purple-park.de/clad/Blickfang-Hamburg.h
1080. http://www.purple-park.de/clad/Boersengeschaeft.ht
1081. http://www.purple-park.de/clad/BUSINESS.html
1082. http://www.purple-park.de/clad/camping_von_A-Z.htm
1083. http://www.purple-park.de/clad/Der_ROTE_AnzeigenPl
1084. http://www.purple-park.de/clad/Der-Finanz-Profi.ht
1085. http://www.purple-park.de/clad/Der-Mopedladen.html
1086. http://www.purple-park.de/clad/Dies&Das.html

Das Neuheiten- & Trendartikelgeschäft

1087. http://www.purple-park.de/clad/Digitalanzeiger.htm
1088. http://www.purple-park.de/clad/Directkauf.html
1089. http://www.purple-park.de/clad/DortmunderKleinanze
1090. http://www.purple-park.de/clad/e-commerce.html
1091. http://www.cbelectronic.com/comp_ka.php
1092. http://www.cityspider.de/
1093. http://www.purple-park.de/clad/Eifelanzeiger.html
1094. http://www.purple-park.de/clad/ElkesMarkt.html
1095. http://www.purple-park.de/clad/Erfolg-Reich.html
1096. http://www.purple-park.de/clad/Erfolgsanzeigen.htm
1097. http://www.purple-park.de/clad/Europamarkt.html
1098. http://www.purple-park.de/clad/EVERYTHING.html
1099. http://www.purple-park.de/clad/ezcladnu.cgi
1100. http://www.purple-park.de/clad/Fast_geschenkt.html
1101. http://www.purple-park.de/clad/Ferienmarkt.html
1102. http://www.purple-park.de/clad/FINANZMAKLER.html
1103. http://www.purple-park.de/clad/Finanzreporte-Anzei
1104. http://www.purple-park.de/clad/Finanzreporte-Team.
1105. http://www.purple-park.de/clad/FIND_IT.html
1106. http://www.purple-park.de/clad/FLOHMARKT.html
1107. http://www.purple-park.de/clad/Forum.html
1108. http://www.purple-park.de/clad/GCG-Group.html
1109. http://www.purple-park.de/clad/GELDVERDIENEN.html
1110. http://www.purple-park.de/clad/Gewichtskontrolle_u
1111. http://www.purple-park.de/clad/Goehlers-Network.ht
1112. http://www.purple-park.de/clad/Gutelli.html
1113. http://www.purple-park.de/clad/Hajo`smarkt.html
1114. http://www.purple-park.de/clad/Handytowers_Kleinan
1115. http://www.purple-park.de/clad/Hannoveranzeiger.ht
1116. http://www.purple-park.de/clad/Harzlandshop.html
1117. http://www.purple-park.de/clad/Hauptstadtshop-Klei
1118. http://www.purple-park.de/clad/heidemarkt.html
1119. http://www.purple-park.de/clad/Heiko_Kleinanzeigen
1120. http://www.purple-park.de/clad/HerbysAnzeigenmarkt
1121. http://www.purple-park.de/clad/HildenLINKS.html
1122. http://www.purple-park.de/clad/Hormel`s_Kleinanzei

Das Neuheiten- & Trendartikelgeschäft

1123. http://www.purple-park.de/clad/HPF.html
1124. http://www.purple-park.de/clad/IhrAnzeigenmarkt.ht
1125. http://www.purple-park.de/clad/Infokleinanzeiger.h
1126. http://www.purple-park.de/clad/Internet.html
1127. http://www.purple-park.de/clad/Internet-Kleinanzei
1128. http://www.purple-park.de/clad/Internetmarktplatz.
1129. http://www.purple-park.de/clad/Job.html
1130. http://www.purple-park.de/clad/Jobs.html
1131. http://www.purple-park.de/clad/Karlis_anzeigenblat
1132. http://www.purple-park.de/clad/KARTENLEGEN.html
1133. http://www.purple-park.de/clad/Kaufhaus.html
1134. http://www.purple-park.de/clad/kleinanz.html
1135. http://www.purple-park.de/clad/Kleinanzeigen.htm
1136. http://www.purple-park.de/clad/KleinanzeigenBFDire
1137. http://www.purple-park.de/clad/Kleinanzeigenecke.h
1138. http://www.purple-park.de/clad/Kleinanzeigenmarkt.
1139. http://www.purple-park.de/clad/Kleinanzeigenmarkt_
1140. http://www.purple-park.de/clad/Kleinanzeigenparadi
1141. http://www.purple-park.de/clad/Kleinanzeiger.html
1142. http://www.purple-park.de/clad/Kolibri-Anzeigen.ht
1143. http://www.purple-park.de/clad/Kontakte.html
1144. http://www.purple-park.de/clad/KOSTENLOSE_KLEINANZ
1145. http://www.purple-park.de/clad/Kostenloser_Kleinan
1146. http://www.purple-park.de/clad/Langenberg.html
1147. http://www.purple-park.de/clad/Leben.html
1148. http://www.purple-park.de/clad/Lebenshilfe-Kultur-
1149. http://www.purple-park.de/clad/LESER-HELFEN-ANDERE
1150. http://www.purple-park.de/clad/Marck3000.html
1151. http://www.purple-park.de/clad/Markt_der_Medusa.ht
1152. http://www.purple-park.de/clad/Marktkorb2000.html
1153. http://www.purple-park.de/clad/Marktplatz-Rippberg
1154. http://www.purple-park.de/clad/Marokkoprivat.html
1155. http://www.purple-park.de/clad/Megakauf24.html
1156. http://www.purple-park.de/clad/MLM.html
1157. http://www.purple-park.de/clad/MLM-Anzeigenmarkt.h
1158. http://www.purple-park.de/clad/MONEY.html

Das Neuheiten- & Trendartikelgeschäft

1159. http://www.purple-park.de/clad/moneyletter.html
1160. http://www.purple-park.de/clad/Musikmarkt.html
1161. http://www.purple-park.de/clad/NaEndlich.html
1162. http://www.purple-park.de/clad/Network.html
1163. http://www.purple-park.de/clad/New-Erfurt.html
1164. http://www.purple-park.de/clad/Newmarket.html
1165. http://www.purple-park.de/clad/ON-LINE.html
1166. http://www.purple-park.de/clad/ONLINE_-_SHOP.html
1167. http://www.purple-park.de/clad/Onlineanzeiger.html
1168. http://www.purple-park.de/clad/Owl-Erotik-Kontakte
1169. http://www.purple-park.de/clad/Papageienmarkt.html
1170. http://www.purple-park.de/clad/Ponyecks.html
1171. http://www.purple-park.de/clad/Powermarkt.html
1172. http://www.purple-park.de/clad/RG-Sparhaus.html
1173. http://www.purple-park.de/clad/Rhoenservice.html
1174. http://www.purple-park.de/clad/Rippberg-Marktplatz
1175. http://www.purple-park.de/clad/Robur-Anzeigenmarkt
1176. http://www.purple-park.de/clad/Rockies.html
1177. http://www.purple-park.de/clad/Ruedigers-Anzeigenf
1178. http://www.purple-park.de/clad/Salutwaffen.html
1179. http://www.purple-park.de/clad/schaurein.html
1180. http://www.purple-park.de/clad/sczmarkt.html
1181. http://www.purple-park.de/clad/small-adverts.html
1182. http://www.purple-park.de/clad/Spanien.html
1183. http://www.purple-park.de/clad/Sparhaus.html
1184. http://www.purple-park.de/clad/Stanley's_Kleinanze
1185. http://www.purple-park.de/clad/Stellenanbieten.htm
1186. http://www.purple-park.de/clad/Stellenangebote.htm
1187. http://www.purple-park.de/clad/STROBL_Anzeigen.htm
1188. http://www.purple-park.de/clad/Sylvies_Trendshop.h
1189. http://www.purple-park.de/clad/Telekommunikation.h
1190. http://www.purple-park.de/clad/Thomas_Klenke_-_Liv
1191. http://www.purple-park.de/clad/T-shop24_Marktplatz
1192. http://www.purple-park.de/clad/Ute.html
1193. http://www.purple-park.de/clad/Veranstaltungen.htm
1194. http://www.purple-park.de/clad/VW_Polo.html

Das Neuheiten- & Trendartikelgeschäft

1195. http://www.purple-park.de/clad/Wasserbett.html
1196. http://www.purple-park.de/clad/Webanzeiger.html
1197. http://www.purple-park.de/clad/Weltmarkt.html
1198. http://www.purple-park.de/clad/wichtelwiese-kleina
1199. http://www.purple-park.de/clad/Wiesbaden.html
1200. http://www.purple-park.de/clad/Wohbau24_Kleinanzei
1201. http://www.purple-park.de/clad/www.Mobil-O-Phone.d
1202. http://www.purple-park.de/clad/www.Schneider-direk
1203. http://www.purple-park.de/clad/Zukunftsperspektive
1204. http://www.user4user.de/b_o.html
1205. http://www.uwe-bachmann.de/kleinanzeigen/addad.htm
1206. http://www.uwe-bachmann.de/kleinanzeigen/index.htm
1207. http://www.vauban.de/kleinanzeigen/addad.html
1208. http://www.vav.de/rub/rub_index.html
1209. http://www.vbr.com/market/show.cgi/karnap
1210. http://www.venture-partner.de/kleinanzeigen/addad.
1211. http://www.verbraucherdatei-merzhaeuser.de/kleinan
1212. http://www.vermischtes.de/rubriken/sonst/priklanz.
1213. http://www.vermischtes.de/rubriken/stellen/priklan
1214. http://www.verschenk-boerse.de
1215. http://www.verschenk-boerse.de/cgi-bin/verschenk//
1216. http://www.vestkurier.de/kontakt/privat.htm
1217. http://www.viadukt.de/
1218. http://www.vienna.at/tools/basar/inserat.asp
1219. http://www.vienna-online.com
1220. http://www.viersen.city-in.com
1221. http://www.villingen-schwenningen.city-in.com
1222. http://www.visual-data.de
1223. http://www.vmaf.de
1224. http://www.vmaf.de/kleinanzeigen/addad.html
1225. http://www.vmaf.de/navigation/navigation.htm
1226. http://www.vobis.de
1227. http://www.vobis.de/cgi-bin/kleinanzeigen.form
1228. http://www.vogtlaender.de/kleinanzeigen/addad.html
1229. http://www.vogtlaender.de/kleinanzeigen/index.html
1230. http://www.von-allem-etwas.com

Das Neuheiten- & Trendartikelgeschäft

1231. http://www.vtnet.de/kleinanzeigen/addad.html
1232. http://www.vtnet.de/kleinanzeigen/index.html
1233. http://www.vw-kleinanzeige.de
1234. http://www.waltrop.city-in.com
1235. http://www.wapsites.de/sites/kleinanzeigen.htm
1236. http://www.waxx.de
1237. http://www.waxx.de/markt/default.asp
1238. http://www.webanonce.com/anzeigen/index.shtml
1239. http://www.webanzeigenmarkt.de
1240. http://www.webanzeiger.de/
1241. http://www.webanzeiger.de/index2.htm
1242. http://www.webbiene.de
1243. http://www.webbiene.de/
1244. http://www.webinfo-center.de
1245. http://www.webinfo-center.de/Index/
1246. http://www.webinsert.de
1247. http://www.webkontakt-online.de/
1248. http://www.webmarkt.de/
1249. http://www.webmenu.de
1250. http://www.webplatz.de
1251. http://www.purple-park/clad/der_rote_anzeigenplane
1252. http://www.quoka.de
1253. http://www.quoka.de/office/office.cfm?sa=products&
1254. http://www.radeberg.city-in.com
1255. http://www.ralf-stuhldreier.de/kleinanzeigen/addad
1256. http://www.ralf-stuhldreier.de/kleinanzeigen/index
1257. http://www.rathenow.city-in.com
1258. http://www.ravensburg.city-in.com
1259. http://www.regensburg.city-in.com
1260. http://www.regionaler-stellenmarkt.de
1261. http://www.regiopage.de/de/?section=comm&page=add
1262. http://www.regio-scout.de/anzeigen/anzeigen.htm
1263. http://www.reinfeld.de/flohmarkt/neueintrag.php3
1264. http://www.reitenwien.at/kleinanzeigen/index.html
1265. http://www.reitervereine.de/anzeigen/
1266. http://www.reitsportonline.de/Sub-Index/Stellen/in

Das Neuheiten- & Trendartikelgeschäft

1267. http://www.rendsburg.city-in.com
1268. http://www.report-age.de/kleinanzeigen
1269. http://www.report-age.de/kleinanzeigen/addad.html
1270. http://www.rettungsdienst-interaktiv.de/kleinanzei
1271. http://www.reutlingen.city-in.com
1272. http://www.revier-aktiv.de/aufgeben.asp?Hauptrubri
1273. http://www.reviermarkt.de/start.html
1274. http://www.r-fischer.de/kleinanzeigen/addad.html
1275. http://www.r-fischer.de/kleinanzeigen/index.html
1276. http://www.rhein-main-guide.de
1277. http://www.riesa.city-in.com
1278. http://www.ritterhude.de/anzeigenmarkt/aufgeben.ht
1279. http://www.rmgs.de/sm_pstjb.htm
1280. http://www.rockysoft.de/kleinanzeigen/
1281. http://www.rockysoft.de/kleinanzeigen/addad.html
1282. http://www.rodenkirchen.de/kleinanzeigen/aufgeben.
1283. http://www.rosenheim.city-in.com
1284. http://www.rosen-service.de/kleinanzeigen/addad.ht
1285. http://www.rostock.city-in.com
1286. http://www.rothmund.ch/cgi-bin/fm/fm_auto.cgi?form
1287. http://www.roysmixture.com/
1288. http://www.r-solution.de
1289. http://www.ruhr-markt.de
1290. http://www.russelsheim-aktuell.de
1291. http://www.saarbruecken.city-in.com
1292. http://www.saarlandmedien.de/jobauf.htm
1293. http://www.sachsenanzeiger.de
1294. http://www.1000wuensche.de/
1295. http://www.sachsenlink.de
1296. http://www.sachsen-net.com/anzeigen/
1297. http://www.sachsen-net.com/anzeigen/?kategorie=7&t
1298. http://www.sachsenonlineshop.de
1299. http://www.sailworld.de/kleinanzeigen.html
1300. http://www.salzgitter.city-in.com
1301. http://www.sammlernet.de/f_anzeig.htm
1302. http://www.sasel.de/kleinanzeigen/aufgeben.php3

Das Neuheiten- & Trendartikelgeschäft

1303. http://www.saubillig.de
1304. http://www.sauriassl.de/kleinanzeigen
1305. http://www.sauriassl.de/kleinanzeigen/addad.html
1306. http://www.sauwiese.dehttp://www.sauwiese.de/
1307. http://www.scarp.com/kontakt/anzeigenmarkt.htm
1308. http://www.schatzkiste.at
1309. http://www.schauland.de/inserate/aufgeben/homeaufg
1310. http://www.schaumal-rein.de
1311. http://www.schika.de/kleinanzeigen/addad.html
1312. http://www.schlauer.de/kleinanzeigen/eingabe.htmht
1313. http://www.schlauer.de/kleinanzeigen/index.php
1314. http://www.schleusingen.de/kleinanzeigen/hibu.html
1315. http://www.schleusingen.de/kleinanzeigen/index.htm
1316. http://www.schnaeppchenjagd.de
1317. http://www.schnappen.de/
1318. http://www.schnappen.de/index0.html
1319. http://www.schnellsuchen.de
1320. http://www.schoenbach.de/kleinanzeigen/addad.html
1321. http://www.schwaigerdoris.at
1322. http://www.schwalmtal.city-in.com
1323. http://www.schwarze-bretter.de/
1324. http://www.schweinfurt.city-in.com
1325. http://www.schweizerinserate.ch/default.phtml?menu
1326. http://www.schwerin.city-in.com
1327. http://www.schwulenfuehrer.de/kontaktanzeigen/anze
1328. http://www.scootzilla.de/frameset.shtml?/kleinanze
1329. http://www.scorp.at/ctrlcenter/ger/adress/adr_new.
1330. http://www.scorp.de
1331. http://www.scorp.de/ctrlcenter/ger/adress/adr_new.
1332. http://www.screen-multimedia.de
1333. http://www.scubadiving.de/kleinanzeigen/index.html
1334. http://www.sectionone.de/kleinanzeigen/inserieren/
1335. http://www.seebi.net
1336. http://www.sellteam.de
1337. http://www.shlink.ch/users/sutermarcel/
1338. http://www.shodan.de/kleinanzeigen/addad.html

Das Neuheiten- & Trendartikelgeschäft

1339. http://www.shop2000.cc
1340. http://www.shop26.de/kleinanzeigen.htm
1341. http://www.shop-and-order.net
1342. http://www.shop-netz.de/kleinanzeigen/addad.html
1343. http://www.shop-netz.de/kleinanzeigen/index.html
1344. http://www.shopping99.de
1345. http://www.showkoch.de
1346. http://www.sieben-seen-sportpark.de/kleinanzeigen/
1347. http://www.silberfuechse.de/kleinanzeigen/addad.ht
1348. http://www.sin24.at/klein/at_kleineing.asp
1349. http://www.sin24.at/stellen/at_stelleneing.asp
1350. http://www.sin24.ch/klein/kleineing.asp
1351. http://www.sin24.ch/stellen/stelleneing.asp
1352. http://www.sin24.de/stellen/de_stelleneing.asp
1353. http://www.single.de
1354. http://www.sitebysite.de
1355. http://www.sitebysite.de/de/jobs/jobboerse.shtml
1356. http://www.skybusiness.com
1357. http://www.soest-aktiv.de/
1358. http://www.soulweb.com
1359. http://www.soulweb.com/winterfloh/
1360. http://www.spartips.de/vorlagen/kleinanzeigen.asp
1361. http://www.sperrmuell.quoka.de/
1362. http://www.spielbox-online.de/indxtemp.html?/sbmai
1363. http://www.spielwiese-bielefeld.de/kleinanzeigen/a
1364. http://www.spiesen-elversberg.de/login/index.php3?
1365. http://www.spn-net.de/cgi-bin/fm/Arbeitsmarkt.cgi?
1366. http://www.stefanfricke.de/kleinanzeigen/addad.htm
1367. http://www.stefanfricke.de/kleinanzeigen/index.htm
1368. http://www.stelleneintrag.de
1369. http://www.stellenmarkt.de/
1370. http://www.stellenmarkt.de/abo_welcome.phtml
1371. http://www.stellen-net.de/home.html
1372. http://www.stellenseite.de/
1373. http://www.stellenservice.de/boerse-stellenservice
1374. http://www.stendal.city-in.com

Das Neuheiten- & Trendartikelgeschäft

1375. http://www.stgt.com/flohmarkt/
1376. http://www.stmk.at
1377. http://www.stralsund.city-in.com
1378. http://www.straubing.city-in.com
1379. http://www.strickhobby.d4f.de
1380. http://www.studentenseite.de/schwarzesbrett/kleina
1381. http://www.stuttgart.city-in.comwww.supersuchen.de
1382. http://www.suchfind.com/floh/scripts/fm_jobs.pl?fo
1383. http://www.supersonicbrains.de/
1384. http://www.topet.de/
1385. http://www.surfbasar.com/surfbasar-deutschland/ind
1386. http://www.swissinfo.net/marktplatz/neu-fundgrube.
1387. http://www.swissinfo.net/marktplatz/neu-jobs.html
1388. http://www.swpo.de
1389. http://www.szene-franken.de
1390. http://www.szon.de
1391. http://www.tabascos.com
1392. http://www.tandtdesign.de/home/strato/www/ta/www.t
1393. http://www.tauchanzeigen.de/
1394. http://www.taunusline/kleinanzeigen/index.html
1395. http://www.thuecom.de/cgi-local/kam001_neueintrag.
1396. http://www.thueringentip.de/thueringen_anzeigen/an
1397. http://www.thum-electronics.de/kleinanzeigen/addad
1398. http://www.tina-schulze.de
1399. http://www.tinas-hobby.de
1400. http://www.tirolanzeiger.at/start.html
1401. http://www.tirolanzeiger.com/
1402. http://www.top3shop.de
1403. http://www.top3shop.de/kleinanzeiger/index.asp?act
1404. http://www.topangebot.de
1405. http://www.topanzeigen.de/
1406. http://www.top-anzeigenmarkt.de
1407. http://www.t-o-p-i.de/kleinanzeigen/addad.html
1408. http://www.topic.com/classifieds/newad.html
1409. http://www.topinserate.ch/cgi-bin/fm/fm_stellenmar
1410. http://www.traumberuf.de/

Das Neuheiten- & Trendartikelgeschäft

1411. http://www.treff-cafe.de/cgi-bin/klazauf.pl?auf=st
1412. http://www.trend-deutschland.de
1413. http://www.trend-deutschland.de/cgi-
1414. http://www.tri.at/userneu.asp
1415. http://www.tuebingen.city-in.com
1416. http://www.tutench.de/800/
1417. http://www.tuttlingen.de/modules/classifieds/class
1418. http://www.twoway-kleinanzeigen.de
1419. http://www.twoway-kleinanzeigen.de/cgi-bin/fm_arbe
1420. http://www.twoway-kleinanzeigen.de/cgi-bin/fm_vers
1421. http://www.uelzen-info.de/info/klein/addbiete.html
1422. http://www.u-gain.com/cgi-bin/kleinanzeigen.spl?AK
1423. http://www.ultimo.devcon.net/ko_kab00.htm
1424. http://www.umb.de
1425. http://www.unemployed.de/anzeigen/arbst_ang/anz_au
1426. http://www.us.holding-assucation.de
1427. http://www.useek-submit.de/
1428. http://www.oneworld.de/scripts/fairtrd.prg?VN=6035
1429. http://www.1ab.de/netzwerk/kleinanzeigen.html
1430. http://www.webplatz.de/cgi-bin/anzeiger/anz_aufg.p
1431. http://www.webplatz.de/cgi-bin/anzeiger/anzeiger.p
1432. http://www.webreklame-pinwand.de
1433. http://www.websmily.de
1434. http://www.web-worker.de
1435. http://www.wedel-media.de/allerlei/Schnappchen/kae
1436. http://www.wedel-media.de/allerlei/Stellenmarkt/ST
1437. http://www.wehrhausen.de/kleinanzeigen/
1438. http://www.wehrhausen.de/kleinanzeigen/addad.html
1439. http://www.weimar.city-in.com
1441. http://www.wellenlaenge.de/kleinanzeigen/addad.htm
1442. http://www.wellenlaenge.de/kleinanzeigen/index.htm
1443. http://www.weltweitinserate.de
1444. http://www.welver-online.de/kleinanzeigen/
1445. http://www.welver-online.de/kleinanzeigen/addad.ht
1446. http://www.wems.de/cgi-bin/kleinanzeigen/ka.cgi?db
1447. http://www.wengersky.de/cgi-

Das Neuheiten- & Trendartikelgeschäft

1448. http://www.werbeagentur-alpha.de
1449. http://www.werbeanzeiger.de
1450. http://www.werbemittel.de
1451. http://www.werbepartner.de
1452. http://www.werbestation.de/
1453. http://www.werbeweb.uric.de
1454. http://www.wertingen-online.de/kleinanzeigen/addad
1455. http://www.wertingen-online.de/kleinanzeigen/index
1456. http://www.westeregeln.de/kleinanzeigen/addad.html
1457. http://www.westernshop.de
1458. http://www.wg-merzig.de
1459. http://www.wiedingweb.de/kleinanzeigen/
1460. http://www.wiedingweb.de/kleinanzeigen/addad.html
1461. http://www.wiesbaden.city-in.com
1462. http://www.wiessner-hamburg.de/ html/kleinanzeige
1463. http://www.wildungen.net/kleinanzeigen/schreiben.h
1464. http://www.wilhelmshaven.city-in.com
1465. http://www.willich.city-in.com
1466. http://www.winklern.at
1467. http://www.wintinet.ch/kleinanzeigen/insert.html
1468. http://www.wismar.city-in.com
1469. http://www.wismar.net/RundUmWismar/Kleinanzeigen/k
1470. http://www.wmoebus.de
1471. http://www.wmoebus.de/
1472. http://www.woa.de
1473. http://www.woa.de/anzeige_inserieren_form.htm
1474. http://www.wohnungs-service.de
1475. http://www.q-fitline.de/
1476. http://1st-adresse.com/
1477. http://www.wo-kauf-ich.de/kleinanzeigen/kleinanzei
1478. http://www.wolfenbuettel.city-in.com
1479. http://www.wolfsburg-info.com/anzeigen/flohsuch.ht
1480. http://www.world-wide-shop.at
1481. http://www.worms.net-info.de/
1482. http://www.wscherla.de
1483. http://www.wudu.de/wudu-start.cfm

Das Neuheiten- & Trendartikelgeschäft

1484. http://www.wuerselen.city-in.com
1485. http://www.wuerzburg.city-in.com
1486. http://www.wuetend.de
1487. http://www.wunschdomain2000.de/
1488. http://www.wurmseder.de/kleinanzeigen/
1489. http://www.wurmseder.de/kleinanzeigen/addad.html
1490. http://www.wwmarkt.de/Aufgabeformular.htm
1491. http://www.wwsecondhand.de
1492. http://www.www-stmk.at/
1493. http://www.yourcontact.de
1494. http://www.yourservice.at/html/Pages/Tirol/Innsbru
1495. http://www.yourservice.at/html/Pages/Tirol/Oberlan
1496. http://www.yourservice.at/html/Pages/Tirol/Osttiro
1497. http://www.yourservice.at/html/Pages/Tirol/Unterla
1498. http://www.zackundweg.de/
1499. http://www.zeeb-net.de/kleinanzeigen/addad.html
1500. http://www.zeeb-net.de/kleinanzeigen/index.html
1501. http://www.zeitungsblatt.de/
1502. http://www.zim.de
1503. http://www.z-info.de
1504. http://www.z-info.de/seite-30.htm
1505. http://www.z-infonet.de/kleinanzeigen/addad.html
1506. http://www.z-infonet.de/kleinanzeigen/index.html
1507. http://www.zittau.city-in.com
1508. http://www.zonga.de/
1509. http://www.zonga.de/zonga/kleinanzg/stellenangebot
1510. http://www.zuerich.city-in.com/cis/DspAd.cfm?task=
1511. http://www.zweitehand.de/
1512. http://www.zweitehand.de/frames/auswahl/gast2.html
1513. http://www.zweitjobs.dehttp://www.zwickau.city-in.
1514. http://www.zwickau.city-in.com
1515. http://www1as.mondiaetouch.de/nats/natskleinanzei/
1516. http://www2.sitebysite.de/jobboerse/index.cfm?fuse
1517. http://www3.rmi.de/anzeigen/
1518. http://www3.rmi.de/anzeigen/makead.htm?art=RMI:job
1519. http://www-stmk.at/anzeigen/add.htm

Das Neuheiten- & Trendartikelgeschäft

1520. http://www-stmk.at/anzeigen/commerce/add.htm
1521. http://www.kleinanzeigen-treff.de/
1522. http://www.cisnet.de/
1523. http://www.reisenpure.de/
1524. http://www.web-kreativ.de.vu/
1525. http://www.wohnungs-service.de/ws.php?
1526. http://www.showkoch.de/Start/index.htm
1527. http://www.oneworld.de/scripts/fairtrd.prg?VN=1144
1528. http://www.2ok.de/anzeigen/
1529. http://www.3chat.de/
1530. http://www.envelop.de/
1531. http://anzeigen-regional.de/
1532. http://www.vilafortuny-online.com/
1533. http://www.purple-park.com/clad/Anzeigen.html
1534. http://endler.nis-markt.de/
1535. http://www.a-zflohmarkt.de/
1536. http://www.info-
1537. http://www.info-serve.de/anzeigen/read.phtml?Aname=kupka_nx
1538. http://www.markt-warendorf.de/
1539. http://www.kostenlos-kleinanzeigen.de.cx
1540. http://www.esoterik-kleinanzeigen.de
1541. http://www.kleinanzeigen-vs.de
1542. http://www.kleinanzeigen-fr.de
1543. http://www.kleinanzeigen-og.de/
1544. http://www.kleinanzeigen-tut.de/
1545. http://www.kleinanzeigen-s.de/
1546. http://www.kleinanzeigen-kn.de/
1547. http://www.la-kostenlos.de/
1548. http://www.kleinanzeigen.interpunkt.de/
1549. http://www.anzeigenmarkt.jf-online.net/uebersicht.shtml
1550. http://www.marbuch-verlag.de/siegen-live
1551. http://www.siegenlive.wolnet.de/main.html
1552. http://www.kiwi24.com/de/index.html
1553. http://www.bikermarkt.de/
1554. http://www.koelner.de/aktuell/kleinanzeigen/index.cfm
1555. http://www.annonce-online.de/

Das Neuheiten- & Trendartikelgeschäft

1556. http://www.classicparts.de/
1557. http://www.fundgrube-dortmund.de/
1558. http://euro-classic.com/
1559. http://www.flirtpool.de/home/index.php3
1560. http://www.goettinger-fundgrube.de/
1561. http://www.interpunkt.de/
1562. http://www.ruhr-markt.de/
1563. http://www.pkw-maerkte.de/
1564. http://www.revier-aktiv.de/
1565. http://www.gratis-coupon.de/cgi-bin/class2/classifieds.cgi
1566. http://www.campingannonce.de/
1567. http://www.glowing-creation.ch/
1568. http://second-hand-annonce.eof.at/Rubrik-
1569. http://www.anzeigenblatt.com/
1570. http://www.borkener.de/
1571. http://www.contactanzeige.de/cgi-bin/suite/classifieds/classifieds.cgi
1572. http://www.websingle.net/
1573. http://www.1a-kontaktanzeigen.de/kontaktanzeigen.html
1574. http://home.t-online.de/home/Hendrik.Leutert/
1575. http://www.tiermarkt.de/
1576. http://top-
1577. http://www.netcologne.de/~nc-arimonwi/tip.htm
1578. http://www.tel-service.com/oben.html
1579. http://www.ftip.de/boote/index.htm
1580. http://www.fotospot.de/Fotospot_KleinanzeigenSearch.asp
1581. http://www.personalpool.com/biete.pl
1582. http://www.vw-kleinanzeige.de/
1583. http://www.kleinanzeigen.com/
1584. http://www.kostenlose-gewerbliche-kleinanzeigen.de/
1585. http://www.kostenlose-gewerbliche-kleinanzeigen.de/kostenlose-
1586. http://www.kostenlose-kleinanzeigen.de/inserate/index.html
1587. http://www.sammlerparadies.de/anzeigenneu/index.php
1588. http://kik123.de/
1589. http://www.internet-verzeichnis.de/kka/kkabodyS.asp
1590. http://www.lahrer-szene.de/datenbank/zimmer/index.htm
1591. http://www.spanische.de/

Das Neuheiten- & Trendartikelgeschäft

1592. http://www.winzerverkauf.de/
1593. http://www.wsu-boerse.de/fewo/fewo.html
1594. http://www.mallorca-casaweb.de/ferienwohnungen.html
1595. http://www.agens-online.de/
1596. http://marine.de/
1597. http://www.landluft.de/
1598. http://www.mo-bikes.de/main/nav/index/bikes-marke.shtml
1599. http://www.wellenlaenge.de/
1600. http://www.ferien-anzeigen.com/
1601. http://www.plattenboerse.com/funktion.htm
1602. http://www.ilmag.de/html/anzeigen.html
1603. http://www.europa-internetverzeichnis.de/
1604. http://www.1a-anzeige.de/
1605. http://www.petomania.de/index.html
1606. http://www.jobwoche.de/
1607. http://cooy.de/auto.htm
1608. http://www.webdate.de/
1609. http://datapur.de/deutsche/homepage/kostenlose/index.html
1610. http://www.artists-online.de/
1611. http://ka.parsimony.net/liste/
1612. http://www.region-rhein-neckar.de/
1613. http://home.t-online.de/home/bbl-soft/main.htm
1614. http://www.marktanzeiger.de/
1615. http://www.gebraucht-laden.de/
1616. http://www.gratis-inserat.ch/
1617. http://www.foto-erhardt.de/flohmarkt.htm
1618. http://www.internet-verzeichnis.de/kka/
1619. http://www.freeads4u.net/german/job/job.htm
1620. http://www.verkaufsbasar.de/
1621. http://www.buchanzeigen.de/
1622. http://www.spielzeug-secondhand.de/
1623. http://www.call-n-deal.de/
1624. http://www.web-kleinanzeige.de/
1625. http://www.jaa.de/01_diskussionen.htm
1626. http://www.bikemarkt.de/
1627. http://www.rhein-mosel.com/sufi/kostenlose-Kleinanzeigen.htm

Das Neuheiten- & Trendartikelgeschäft

1628. http://www.immobilien.de/
1629. http://www.bahn-markt.de/
1630. http://www.tiere-online.de/
1631. http://www.suchenundbieten.de/index1.php4
1632. http://www.fund-sachen.de/
1633. http://www.fotospot.de/Fotospot_Impressum.asp
1634. http://www.computer-kleinanzeigen.de/
1635. http://www.piano-markt.de/
1636. http://www.immobilienhai.de/01_service.htm
1637. http://www.anz.de/
1638. http://www.schnappen.de/index.html
1639. http://www.baby-secondhand.de/
1640. http://www.online-inserieren.de/
1641. http://www.loewencenter.de/
1642. http://www.geld-verdienen-online.com/klein.html
1643. http://www.star-power.de/kolo/index.html
1644. http://www.stoeber-ecke.de/
1645. http://www.anzeigen.xala.de/p003_kontakt.html
1646. http://www.tauschecke.net/
1647. http://www.remstal-web.de/kleinanzeigen.php3
1648. http://www.wohnungsdienst.de/kostenlos.html
1649. http://www.web15.de/suchen/anzeige.htm
1650. http://www.shop-berlin.de/kleinanzeigen.html
1651. http://fixanzeiger.de/index.html
1652. http://www.kostenlose-kleinanzeigen.net/banner.shtml
1653. http://www.heitar.de/anzeigen/anzeigen.html
1654. http://www.internetinserate.de/02_internetinserate.htm
1655. http://www.modelleisenbahnmarkt.de/index.htm
1656. http://www.kontaktenet.de/anz_aufgeben.shtml
1657. http://www.uni-hom.de/kleinanzeigen.htm
1658. http://www.ebch24.de/index.php3
1659. http://www.int
1660. http://www.web-anzeigenmarkt.de/
1661. http://www.marine.de/index_b.html
1662. http://www.kai-schaefer.de/index.html
1663. http://www.webinsert.de/

Das Neuheiten- & Trendartikelgeschäft

1664. http://www.ferienwoche.de/01_ferienwoche.htm
1665. http://kginnut.prohosting.com/
1666. http://www.youseek.de/kleinanzeigen/
1667. http://www.martin-werft.de/biete.pl
1668. http://www.personalpool.com/suche.pl
1669. http://www.internettor.de/index.htm
1670. http://www.kostenlose-kleinanzeigen.de/index.html
1671. http://www.jaa.de/01_mixed.htm
1672. http://www.kostenlose-kleinanzeigen.de/header.html
1673. http://www.lueneburger.de/
1674. http://www.jobhai.de/
1675. http://www.online-inserieren.de/main.shtml
1676. http://www.anzeigen.xala.de/index.html
1677. http://www.werbekonzept.de/0_a_z_werbung.htm
1678. http://www.kfzhai.de/02_kfzhai.htm
1679. http://www.kaze.de/links_ohnewerbungunten2.html
1680. http://www.kai-schaefer.de/Kleinanzeigen/kleinanzeigen.html
1681. http://www.media-flohmarkt.de/videospiele/videospiele.html
1682. http://www.verwendbar.de/seiten/wohn_1.html
1683. http://www.verwendbar.de/seiten/sonst_1.html
1684. http://www.kostenlose-kleinanzeigen.net/autos/inserat_neu.shtml
1685. http://www.kostenlose-kleinanzeigen.de/inserate/kostenlose-
1686. http://www.spielbox-online.de/php/kleinanz.php3
1687. http://www.landluft.de/angebote-d/startseite.htm
1688. http://www.anzeigen.xala.de/servlets/p003_get_suchen
1689. http://www.media-flohmarkt.de/info/was.html
1690. http://www.vogelsberg24.de/db/kleinanzeigen.htm
1691. http://www.annoncen.ink4all.de/
1692. http://www.allemannda.de/Kleinanzeigen/
1693. http://www.verwendbar.de/seiten/kfz_1.html
1694. http://www.wwsecondhand.de/hauptteil_index.html
1695. http://www.piano-markt.de/pianisten/
1696. http://bu4.buisiness.de/n_new.html
1697. http://www.schnappen.de/inhalt_first.htm
1698. http://www.schnappen.de/verkaufe_biete.htm
1699. http://www.jcp-ev.de/suchfind.htm

Das Neuheiten- & Trendartikelgeschäft

1700. http://www.dehmer-immobilien.de/html/kostenl_kleinanz_.html
1701. http://www.spreema.de/kostenlos.html
1702. http://www.annonces.de/Kleinanzeigen.htm
1703. http://www.immobilienhai-
1704. http://www.1kaufen.de/kleinanzeigen/
1705. http://www.sammlungen.de/01_zugriffe.htm
1706. http://www.truckers-home.com/kleinanzeigen.htm
1707. http://db.djknauf.de/new/kleinanzeigen.asp
1708. http://www.internetinserate.de/01_kfzhai.htm
1709. http://www.ink4all.de/
1710. http://goldstadt.de/anzeigen/index.html
1711. http://www.diefreizeitboerse.de/spieleoben.html
1712. http://verification.00.msk.ru/angebote-d/startseite.htm
1713. http://www.ihrinserat.de/Inserateservice/inserateservice.html
1714. http://www.wwsecondhand.de/kopf_index.shtml
1715. http://www.call-n-deal.de/impressum.html
1716. http://www.jaa.de/internetinserate/internetinserate.htm
1717. http://fws.no-ip.com/suchenkl_e.asp
1718. http://www.spanien-
1719. http://www.djknauf.de/credits.htm
1720. http://www.raimund-online.at/start.htm
1721. http://www.s51.de/home.htm
1722. http://www.amnet.de/kontaktanzeigen.html
1723. http://www.reitsportonline.de/Sub-Index/Marktplatz/index.htm
1724. http://shopmarktplatz.de/agb.htm
1725. http://www.k-24.de/inhalt_asp_aktion~bild_dwert~0_s.htm
1726. http://www.ross-und-reiter.de/indexfl.html
1727. http://www.seevetalonline.de/
1728. http://www.fundgrube-lokal.de/
1729. http://web-kleinanzeigen.de/top1.htm
1730. http://www.lausitzanzeiger.com/default.asp
1731. http://www.surf-smile.de/kleinanzeigen.html
1732. http://www.berlinhotel.de/0_az_davos.htm
1733. http://www.australien-investor.de/kleinanzeigen/index_o.html
1734. http://www.luckau-nl.de/anzeigen.htm
1735. http://www.zuverkaufen24.com/framestart-kleinanzeigen.htm

Das Neuheiten- & Trendartikelgeschäft

1736. http://www.servicepoint.de/leipzig/inserat1.html
1737. http://www.ihrinserat.de/Inserateservice/body_inserateservice.html
1738. http://www.jobsuche-berlin.de/guestbook.html
1739. http://www.freie-wohnung.de/
1740. http://www.plattenboerse.com/
1741. http://www.husumer.de/anzeigen.asp
1742. http://www.pferdeanzeiger.de/start2.html
1743. http://www.erotikhof.de/links_kontakte2.html
1744. http://www.guxme.de/Markt/
1745. http://fws.no-ip.com/kleinanzeigen.asp
1746. http://www.immobilienhai-berlin.de/01_mietgesuche.htm
1747. http://www.noatam.de/kleinanzeigenmarkt.asp
1748. http://www.1a-ferienobjekte.de/info/index-1.htm
1749. http://www.immobilienhai-berlin.de/01_verkauf.htm
1750. http://www.a-site.at/
1751. http://www.wwsecondhand.de/anzeigen_lesen_biete.html
1752. http://www.menerlich1.de/Kleinanzeigen/kleinanzeigen.html
1753. http://www.wapcomet.de/home.htm
1754. http://www.rasse.de/Anzeigen.htm
1755. http://www.nwa.at/g/home.html
1756. http://www.die-kleinanzeige-online.de/
1757. http://www.imwebeinkaufen.de/fbw/anzeigen.htm
1758. http://felsenhund.de/zuden.htm
1759. http://www.bannat.de/pinwand.htm
1760. http://www.erotikhof.de/kaze.html
1761. http://www.servicepoint.de/cards/grusskarten.php
1762. http://www.vwh-web.de/
1763. http://emmendingen.okteam.com/kleinanzeigen/index.php
1764. http://www.fagott.de/Kleinanzeigen/Kostenlose%20kleinanzeigen.ht
1765. http://www.inserative.de/
1766. http://www.verwendbar.de/seiten/sonst_2.html
1767. http://www.2000net.de/kleinanzeigen/index_u.html
1768. http://www.baby-secondhand.de/Frames/top-4.htm
1769. http://www.ebln.de/berlin/kleinanzeigen/
1770. http://www.hagennetz.de/troedel.htm
1771. http://ka.parsimony.net/kleinanzeigen2385/

Das Neuheiten- & Trendartikelgeschäft

1772. http://www.nieder-eschbach.de/kleinanzeigen/kleinanzeigen.htm
1773. http://www.webanzeiger.de/funmail/videos/videos.htm
1774. http://ebln.de/berlin/kleinanzeigen/
1775. http://www.inseratboerse.at/nutzungsordnung.htm
1776. http://www.eppingen.com/anzeigen.html
1777. http://www.zeitungsblatt.de/mitte.html
1778. http://www.einkaufs.net/anzeigen/
1779. http://www.highendmarkt.de/suchenform.asp
1780. http://www.net-power.de/
1781. http://www.freeads4u.net/german/job/anzeigen/aindex.htm
1782. http://www.piano-markt.f2s.com/
1783. http://www.sammeln-und-tauschen.de/spiel/spielform.htm
1784. http://web4you.edvgb.yi.org/inserieren.htm
1785. http://www.supersonicbrains.de/start.html
1786. http://obere-saale.saale-online.de/
1787. http://www.chinchis.de/
1788. http://www.r-solution.de/kleinanzeigen/frame1.shtml
1789. http://www.nuetzliche-links.de/kleinanzeigen.htm
1790. http://www.hamsterbacken.de/ticker.htm
1791. http://www.blankenese-world.de/mainset1.htm
1792. http://www.rebe-traube-wein.de/kleinanzeigen/index.shtml
1793. http://is200a.tripod.com/Kfz.htm
1794. http://ka.parsimony.net/kleinanzeigen1445/
1795. http://www.sailworld.de/bg50000.html
1796. http://bayreuth.bayern-online.de/
1797. http://www.sound-center.de/Kleinanzeigen/body_kleinanzeigen.html
1798. http://www.info-sh.de/verkauf/hobby.html
1799. http://www.cooy.de/
1800. http://kleinanzeigenspiegel.de/Immobilien/body_immobilien.html
1801. http://www.allgaeu.purespace.de/index.htm
1802. http://www.kfo-netz.de/
1803. http://www.frankenjob.de/alleswogibt/
1804. http://www.regioscout.de/anzeigen/n_kfz.htm
1805. http://www.kleinanzeigen-reise.de/indexreisewerbung.htm
1806. http://www.kleinanzeigenspiegel.de/Technik_und_Elektronik/body_t
1807. http://www.ferienmarkt.com/kostenlose_kleinanzeigen.html

Das Neuheiten- & Trendartikelgeschäft

1808. http://www.ems-jade-online.de/Kleinanzeigen/index.html
1809. http://www.dieboerse.de/index2.htm
1810. http://www.spielboxx.de/php/kleinanz.php3
1811. http://kleinanzeigenspiegel.de/
1812. http://www.onlineholidays.de/index2.html
1813. http://www.info-sh.de/verkauf/jobs.html
1814. http://maxiflora.com/autoboard/boardauto.htm
1815. http://www.skolaut.de/kleinanzeigen/
1816. http://www.autobild.de/automarkt/
1817. http://www.stadtblatt.de/kleinanzeigen/klanz.html
1818. http://www.reitsportonline.de/Sub-Index/Marktplatz/body_index.htm
1819. http://www.info-sh.de/verkauf/all.html
1820. http://www.briefmarke-neukoelln.de/klein.html
1821. http://www.kleinanzeigen-stellenmarkt.de/
1822. http://www.menerlich1.de/Kleinanzeigen/hauptteil_kleinanzeigen.ht
1823. http://www.top-
1824. http://www.jcp-ev.de/suchfind_form.htm
1825. http://fichtelgebirge.saale-online.de/
1826. http://www.top-
1827. http://top-
1828. http://www.gratiskleinanzeigen.de/
1829. http://www.gaeste6.parsimony.net/gaeste40306/
1830. http://www.rodenkirchen-online.de/kanz/index.htm
1831. http://www.inkforall.de/
1832. http://www.kleinanzeigen-gebrauchtwagen.de/
1833. http://offer.hothandel.de/
1834. http://leipzig-city.net/Inserate/lesen/index.html
1835. http://www.webconnexion.de/kleinanzeigen/hauptteil_anzeige_aufg
1836. http://www.1kaufen.de/kleinanzeigen/freis.htm
1837. http://www.anzeigen-im-web.de/klein/noframe.html
1838. http://www.regio-
1839. http://www.sailworld.de/opreis.html
1840. http://www.nwa.at/g/nwanavi.html
1841. http://www.anschlag.de/
1842. http://www.diefreizeitboerse.de/spasspartner9.html
1843. http://lueneburger.de/kosovo/index.htm

Das Neuheiten- & Trendartikelgeschäft

1844. http://www.r-solution.de/autos/suche_expert.shtml
1845. http://www.meine-einkaufswelt.de/
1846. http://www.suchwilli.de/
1847. http://www.zahn-netz.de/
1848. http://www.regio.de/Kleinanzeigen/
1849. http://www.delti.com/anzeigeprofi/index.html
1850. http://www.wienschall.com/wwwboard/messages/31.html
1851. http://www.biobauernhoefe-sachsen.de/left_index1.html
1852. http://www.central-market.de/php-advert/index.php3
1853. http://www.immoserver.de/
1854. http://www.wuppertreff.de/Impressum/fixanzeiger/rechts_fixanzeiger
1855. http://orientalweb.de/kleinanzeigen/ka_eingabe.html
1856. http://www.reitsport-online.de/Sub-Index/Marktplatz/index.htm
1857. http://www.spd-norden.de/textmarkt.htm
1858. http://www.internetgala.de/01_autogala.htm
1859. http://www.roedelheim.com/
1860. http://www.wunschfahrzeug.de/
1861. http://kleinanzeigen.kleinanzeigenmarkt.punktde4you.com/2/kosten
1862. http://www.kostenlose-kleinanzeigen.de/inserate/kostenlose-
1863. http://www.eberbach-channel.de/
1864. http://www.diefreizeitboerse.de/spiele5.html
1865. http://www.online-inserieren.de/anzelesen1.shtml
1866. http://www.frankenwald.bayern-online.de/
1867. http://www.sa-mi.de/klein.htm
1868. http://anzeigen.vwh-web.de/
1869. http://www.wwmarkt.de/Kleinanzeigen.htm
1870. http://www.keepcontact.de/ydre.html
1871. http://www.e-clipse.de/jaune/markt021.htm
1872. http://www.kostenlose-kleinanzeigen.de/inserate/kostenlose-
1873. http://www.vermieten-und-mieten.de/
1874. http://www.dr-webmaster.de/bannerwechsel.htm
1875. http://www.amp-elektronik.de/anzeige/anzeige.html
1876. http://www.spielzeug-
1877. http://www.spielzeug-
1878. http://www.hgh-net.de/market/online/online.html
1879. http://www.highendmarkt.de/admin/registrieren.asp

Das Neuheiten- & Trendartikelgeschäft

1880. http://www.aquasearch.de/
1881. http://www.kleinanzeigen-gebrauchtwagen.de/indexautodaten.htm
1882. http://www.turmschieber.de/anzeigen/
1883. http://www.kleinanzeigen.virtualsecondhand.de/!historischebriefmar
1884. http://fraenkische-schweiz.bayern-online.de/
1885. http://www.kehrle.net/frame6.html
1886. http://www.moneybag.de/markt/
1887. http://www.familino.de/
1888. http://www.compushop.de/welcome.htm
1889. http://www.spirit4you.de/
1890. http://www.gratisanbieter.de/index.html
1891. http://www.fortunecity.com/skyscraper/techie/12/index.htm
1892. http://www.sammlershop.de/board/beanie/ankauf/ankauf.htm
1893. http://www.inserat-center.de/
1894. http://www.oderbruch.de/markt/kleinanzeigen/verschiedenes.pl
1895. http://www.verein24.com/
1896. http://www.kleinanzeigen.die-auswahl.de/
1897. http://www.immobilien-online-24.de/
1898. http://www.ems-jade-online.de/
1899. http://home.t-online.de/home/chrissi.u/
1900. http://www.apotheken-mainz.de/
1901. http://www.diefreizeitboerse.de/spasspartner0.html
1902. http://www.ihrinserat.de/Inserateservice/header_onlineanzeigen.ht
1903. http://www.motorradkaufen.de/
1904. http://www.kultuhr.com/kleinanzeigen/Osterreich_Salzburg.shtml
1905. http://www.kultuhr.com/kleinanzeigen/Schweiz_Bern.shtml
1906. http://www.kultuhr.com/kleinanzeigen/Osterreich_Leoben.shtml
1907. http://www.anzeigenfueralle.de/
1908. http://www.record-team.de/rthoom.htm
1909. http://trinity.nikoma.de/nobart/Kleinanzeigen/kopf_kleinblau.html
1910. http://www.aerzte-in-mannheim.de/
1911. http://www.ebch.de/index.php3
1912. http://www.nsu-fahrergemeinschaft.de/NSUSeite21.htm
1913. http://www.bk-portal.de/
1914. http://www.konkursmarkt.de/Kleinanzeigen/index.htm
1915. http://www.unet.univie.ac.at/~a9909727/t.htm

Das Neuheiten- & Trendartikelgeschäft

1916. http://www.musicforum.de/kleinanzeige.htm
1917. http://www.gesang-vereine.de/
1918. http://www.calamus.net/es/ticker/ticker_pin.html
1919. http://www.saulheim.de/buergerinfo/db179.shtml
1920. http://people.freenet.de/zienow/zuden.htm
1921. http://www.dental-markt.de/anz/praxis-gesuche.htm
1922. http://www.ferienmarkt.com/
1923. http://www.urlaubsreisen-24.de/
1924. http://www.ku-eichstaett.de/StudGrup/KUEbel/campusbo.htm
1925. http://www.spartelefon-24.de/
1926. http://www.fehnshop.de/produktuebersicht/unser_service_fuer_sie/
1927. http://www.sammlernet.de/
1928. http://pub43.ezboard.com/fdeepbluewebfrm10
1929. http://www.druckmedien.com/eperaner/kleinanzeigen_oben.htm
1930. http://www.bundesweb.de/fm/index.html
1931. http://www.comsurf.de/leer.htm
1932. http://www.lueneburger.de/luenelinks/links_friends.htm
1933. http://www.friemersheim.com/html/body_anzeigen.html
1934. http://www.navc.de/kleinan.htm
1935. http://www.pam-online.de/
1936. http://www.hechingen24.com/
1937. http://www.wassersportcenter-faliraki.com/de/frame3.html
1938. http://trinity.nikoma.de/nobart/Kleinanzeigen/kleinanzeigen.html
1939. http://www.nwa.at/g/suchen.php3
1940. http://www.anschlag.de/links1.htm
1941. http://www.buch007.de/
1942. http://www.buntes-berlin.de/anzeigen.htm
1943. http://www.kleinanzeigen.virtualsecondhand.de/!steinschlagschnellr
1944. http://www.kleinanzeigen.virtualsecondhand.de/!pirelli-
1945. http://www.lueneburger.de/newsletter/fun2.htm
1946. http://www.familino.de/flohmarkt.html
1947. http://kleinanzeigen.clickdown.de/
1948. http://www.bwa-online.de/kleinanz2.htm
1949. http://www.bwa-online.de/kleinanz2_1.htm
1950. http://www.cooy.de/suite/anz_werbung.htm
1951. http://www.fichtelgebirge.bayern-online.de/

Das Neuheiten- & Trendartikelgeschäft

1952. http://www.troedelmarkttermine.de/kleinanzeigen/index.htm
1953. http://www.wrg.fr.bw.schule.de/Info/Flohmarkt.htm
1954. http://www.keepcontact.de/ypro.html
1955. http://reisedia.de/kleinanzeigen/index_u.html
1956. http://www.oldies.ch/zeitung/CFOS-Zeitung/kleinanz.html
1957. http://www.adress-direkt.de/news-archiv/archiv47.html
1958. http://www.insel-ruegen.de/
1959. http://www.bzs2000.de/
1960. http://www.lernkultur.com/
1961. http://www.oderbruch.de/markt/kleinanzeigen/vogelboerse.pl
1962. http://www.pet-service.de/
1963. http://www.harmologie.de/
1964. http://www.keepcontact.de/yfer.html
1965. http://linux.nbi-bto.de/anzeigen/index.html
1966. http://www.datapur.de/1a/Kontaktanzeigen/kleinanzeigen.htm
1967. http://www.waschcenter.de/anzeigen/inserat.htm
1968. http://www.waschcenter.de/anzeigen/schauen.htm
1969. http://www.markt-erh.com/
1970. http://www.country-guide.de/Pinboard/pinboard.html
1971. http://sammlernetz.com/sammler/pages/
1972. http://www.kema.de/Fahrrad.html
1973. http://www.diabetes-forum.com/anzeigen/index.htm
1974. http://www.gb-direkt.de/business/anzeigen/index.htm
1975. http://www.diekontaktseite.f2s.com/
1976. http://www.kleiner-anzeiger.de/
1977. http://www.sieger24.de/
1978. http://www.kontakt-web.de/inserieren.html
1979. http://www.inseratboerse.at/sammeln-suche.htm
1980. http://neckaralbonline.de/floh/indexfl.html
1981. http://neckaralbonline.de/jobs/indexjo.htm
1982. http://www.kreiscalwnet.de/
1983. http://www.blankenese-world.de/anzeigen/kleinanzeigen.htm
1984. http://scarp.com/kontakt/anzeigenmarkt.htm
1985. http://www.mooncity.com/Site-Ordner/Jupiter.html
1986. http://www.bauarchiv.de/neu/service/servicestart.htm
1987. http://www.unet.univie.ac.at/~a9909727/kleinanzeigen.htm

Das Neuheiten- & Trendartikelgeschäft

1988. http://www.colin4u.de/anzeige.htm
1989. http://ka.parsimony.net/kleinanzeigen234/
1990. http://www.sammlernet.de/index.htm
1991. http://www.pkw-24.de/
1992. http://www.kirchberg24.de/rubriken.htm
1993. http://www.psxplanet.de/
1994. http://www.pasinger.de/
1995. http://ive.wo-net.com/
1996. http://www.hamsterbacken.de/hameln/home.htm
1997. http://www.kinderkram-
1998. http://www.aft-sh.de/verkauf/index.html
1999. http://www.eppingen.com/klein.html
2000. http://www.citybeat.de/
2001. http://www.onlinestress.de/
2002. http://www.archaeologie-online.de/forum/
2003. http://www.camping-channel.com/
2004. http://www.sammlerparadies.de/such/startseite.htm
2005. http://www.ebch.de/
2006. http://www.kostenlose-kleinanzeigen.de/inserate/kostenlose-
2007. http://www.kostenlose-kleinanzeigen.de/inserate/kostenlose-
2008. http://www.kostenlose-kleinanzeigen.de/inserate/kostenlose-
2009. http://www.kostenlose-kleinanzeigen.de/inserate/kostenlose-
2010. http://www.kostenlose-kleinanzeigen.de/inserate/kostenlose-
2011. http://www.kostenlose-kleinanzeigen.de/inserate/kostenlose-
2012. http://www.kostenlose-kleinanzeigen.de/inserate/kostenlose-
2013. http://www.kostenlose-kleinanzeigen.de/inserate/kostenlose-
2014. http://www.kostenlose-kleinanzeigen.de/inserate/kostenlose-
2015. http://www.kostenlose-kleinanzeigen.de/inserate/kostenlose-
2016. http://www.kostenlose-kleinanzeigen.de/inserate/kostenlose-
2017. http://www.kostenlose-kleinanzeigen.de/inserate/kostenlose-
2018. http://www.kostenlose-kleinanzeigen.de/inserate/kostenlose-
2019. http://www.kostenlose-kleinanzeigen.de/inserate/kostenlose-
2020. http://www.kostenlose-kleinanzeigen.de/inserate/kostenlose-
2021. http://www.kostenlose-kleinanzeigen.de/inserate/kostenlose-
2022. http://www.kostenlose-kleinanzeigen.de/inserate/kostenlose-
2023. http://www.kostenlose-kleinanzeigen.de/inserate/kostenlose-

Das Neuheiten- & Trendartikelgeschäft

2024. http://www.kostenlose-kleinanzeigen.de/inserate/kostenlose-
2025. http://www.kostenlose-kleinanzeigen.de/inserate/kostenlose-
2026. http://www.kostenlose-kleinanzeigen.de/inserate/kostenlose-
2027. http://www.kostenlose-kleinanzeigen.de/inserate/kostenlose-
2028. http://www.kostenlose-kleinanzeigen.de/inserate/kostenlose-
2029. http://www.kostenlose-kleinanzeigen.de/inserate/kostenlose-
2030. http://www.kostenlose-kleinanzeigen.de/inserate/kostenlose-
2031. http://www.kostenlose-kleinanzeigen.de/inserate/kostenlose-
2032. http://www.kostenlose-kleinanzeigen.de/inserate/kostenlose-
2033. http://www.kostenlose-kleinanzeigen.de/inserate/kostenlose-
2034. http://www.kostenlose-kleinanzeigen.de/inserate/kostenlose-
2035. http://www.kostenlose-kleinanzeigen.de/inserate/kostenlose-
2036. http://www.kostenlose-kleinanzeigen.de/inserate/kostenlose-
2037. http://www.kostenlose-kleinanzeigen.de/inserate/kostenlose-
2038. http://www.kostenlose-kleinanzeigen.de/inserate/kostenlose-
2039. http://www.kostenlose-kleinanzeigen.de/inserate/kostenlose-
2040. http://www.kostenlose-kleinanzeigen.de/inserate/kostenlose-
2041. http://www.kostenlose-kleinanzeigen.de/inserate/kostenlose-
2042. http://www.kostenlose-kleinanzeigen.de/inserate/kostenlose-
2043. http://www.kostenlose-kleinanzeigen.de/inserate/kostenlose-
2044. http://www.kostenlose-kleinanzeigen.de/inserate/kostenlose-
2045. http://www.kostenlose-kleinanzeigen.de/inserate/kostenlose-
2046. http://www.kostenlose-kleinanzeigen.de/inserate/kostenlose-
2047. http://www.kostenlose-kleinanzeigen.de/inserate/kostenlose-
2048. http://www.kostenlose-kleinanzeigen.de/inserate/kostenlose-
2049. http://www.kostenlose-kleinanzeigen.de/inserate/kostenlose-
2050. http://www.kostenlose-kleinanzeigen.de/inserate/kostenlose-
2051. http://www.kostenlose-kleinanzeigen.de/inserate/kostenlose-
2052. http://www.kostenlose-kleinanzeigen.de/inserate/kostenlose-
2053. http://www.kostenlose-kleinanzeigen.de/inserate/kostenlose-
2054. http://www.kostenlose-kleinanzeigen.de/inserate/kostenlose-
2055. http://www.kostenlose-kleinanzeigen.de/inserate/kostenlose-
2056. http://www.kostenlose-kleinanzeigen.de/inserate/kostenlose-
2057. http://www.kostenlose-kleinanzeigen.de/inserate/kostenlose-
2058. http://www.kostenlose-kleinanzeigen.de/inserate/kostenlose-
2059. http://www.kostenlose-kleinanzeigen.de/inserate/kostenlose-

Das Neuheiten- & Trendartikelgeschäft

2060. http://www.kostenlose-kleinanzeigen.de/inserate/kostenlose-
2061. http://www.kostenlose-kleinanzeigen.de/inserate/kostenlose-
2062. http://www.kostenlose-kleinanzeigen.de/inserate/kostenlose-
2063. http://www.kostenlose-kleinanzeigen.de/inserate/kostenlose-
2064. http://www.kostenlose-kleinanzeigen.de/inserate/kostenlose-
2065. http://www.kostenlose-kleinanzeigen.de/inserate/kostenlose-
2066. http://www.kostenlose-kleinanzeigen.de/inserate/kostenlose-
2067. http://www.kostenlose-kleinanzeigen.de/inserate/kostenlose-
2068. http://www.kostenlose-kleinanzeigen.de/inserate/kostenlose-
2069. http://www.die-gebrauchten.de/
2070. http://www.kostenlose-kleinanzeigen.de/menue/O_1.htm
2071. http://www.automobilklassiker.de/index.htm
2072. http://www.aquasearch.de/anmeldung.html
2073. http://www.woe.onlinehome.de/kostenlos.htm
2074. http://www.granni.de/welcome.htm
2075. http://www.feudenheim-net.de/kleinanzeigen/keinan_i.html
2076. http://www.classic-movies.de/
2077. http://www.1a-angebote.de/
2078. http://www.rrab.com/indexd.htm
2079. http://www.kur-werbung.de/hamsterneu/news.htm
2080. http://www.kur-werbung.de/hamsterneu/ticker.htm
2081. http://www.plauderecke.net/body_index.htm
2082. http://www.gb-direkt.de/business/anzeigen/schauen.htm
2083. http://www.ipunkt-apensen.de/klanzeig/right_klanzeig.htm
2084. http://www.blitzrotation.de/
2085. http://koeln.cologne-in.de/kleinanzeigen/computer/
2086. http://www.m-p-3.de/kleinanzeigen/urlaub_und_reisen/
2087. http://www.m-p-3.de/kleinanzeigen/verkauf/
2088. http://www.aerzte-in-saarbruecken.de/
2089. http://www.von-der-heyden.de/
2090. http://www.sg2000.purespace.de/menu.htm
2091. http://www.blautal-portal.de/
2092. http://www.citipoint.de/foren.htm
2093. http://www.njoerd-hat.de/inhalt.htm
2094. http://www.tiere-online.de/anz_aus.asp
2095. http://www.bubenreuth.de/

Das Neuheiten- & Trendartikelgeschäft

2096. http://lueneburger.de/lueneburger/abfall_gebiet.htm
2097. http://www.chemnitz-town.de/
2098. http://www.kostenlose-kleinanzeigen-flohmarkt.de/
2099. http://www.sparkasse-herford.de/493/pb.htm
2100. http://www.ergowelt.de/
2101. http://www.gera-seiten.de/index/
2102. http://www.rasse.de/
2103. http://www.raimund-online.at/index.html
2104. http://www.ikzl.com/index_x.html
2105. http://www.studiopostpro.de/f_inhalt.htm
2106. http://www.jeep-club.de/klein.htm
2107. http://www.tv-kabel-plus.de/home1.htm
2108. http://www.brummifreund.de/
2109. http://www.zweitehand.de/noframes/aufgabe/anzauf.html
2110. http://www.hannover-web.com/
2111. http://www.fairboat.de/main.php
2112. http://www.hsknet.de/hskindex.htm
2113. http://www.hundherum.de/
2114. http://www.lanstrop.de/kleinanzeigen/class-
2115. http://camping-channel.com/start.php3
2116. http://www.jahreswagenangebot.de/navioben.shtml
2117. http://lueneburger.de/luenelinks/links.htm
2118. http://www.bluewaves.de/webprofit/titelseite.htm
2119. http://www.hs-motorrad.de/Startseite.htm
2120. http://www.x-back.at/news/news.html
2121. http://www.installexse.de/kleinanzeigen/linksoben.htm
2122. http://www.einkaufsinsel.de/ekinsel/kleinanzeigen.htm
2123. http://www.ar-vuv.de/
2124. http://www.bassum.de/
2125. http://www.kalenderweisheiten.de/
2126. http://www.computer-rasshofer.de/kleinanzeigen/welcome.htm
2127. http://www.crazyalex.de/index.asp
2128. http://www.sammlershop.de/board/beanie/verkauf/verkauf.htm
2129. http://www.internet-verzeichnis.de/Asp/ivz051.asp
2130. http://www.orientalweb.de/ow-startseite.html
2131. http://www.spanienkleinanzeigen.de/

Das Neuheiten- & Trendartikelgeschäft

2132. http://www.yabb.de/kleinanzeigen.html
2133. http://www.mailfriends.de/
2134. http://www.null331.com/WirSehenUns.html
2135. http://www.gottesbuehren.de/Titelseite.htm
2136. http://www.planet-interkom.de/timm.heinbokel/Kleinanz.htm
2137. http://www.anhaengerbau.at/
2138. http://www.manetz.de/unten.html
2139. http://www.ferien-privat.net/index.htm
2140. http://www.dental-markt.de/anz/verschiedenes-kaufe.htm
2141. http://www.dental-markt.de/anz/praxeinricht-kaufe.htm
2142. http://www.dental-markt.de/anz/praxis-abgaben.htm
2143. http://www.dental-markt.de/anz/verschiedenes-verkaufe.htm
2144. http://www.kostenlose-kleinanzeigen.de/inserate/kostenlose-
2145. http://www.kostenlose-kleinanzeigen.de/inserate/kostenlose-
2146. http://www.kostenlose-kleinanzeigen.de/inserate/kostenlose-
2147. http://www.glueckleben.de/
2148. http://www.kostenlose-kleinanzeigen.de/inserate/kostenlose-
2149. http://www.kostenlose-kleinanzeigen.de/inserate/kostenlose-
2150. http://www.kostenlose-kleinanzeigen.de/inserate/kostenlose-
2151. http://www.dental-markt.de/anz/stellenangebote.htm
2152. http://www.erlangen-online.de/index.html
2153. http://internetdienste.freepage.de/dieboerse/
2154. http://www.animalsclub.de/hunde.htm
2155. http://mopedsammlung.de/index.htm
2156. http://www.oberkassel.purespace.de/menue.html
2157. http://www.privat.schlund.de/r/roefrei/
2158. http://www.menerlich.de/
2159. http://www.apotheken-worms.de/
2160. http://www.welpen.de/urlaub/angebote/holland.htm
2161. http://www.purple-park.com/clad/Markt-Platz.html
2162. http://www.telefontest.de/news/969628353,44655,.html
2163. http://www.petomania.de/
2164. http://www.baustoff-aktuell.de/kleinanzeigen/index.htm
2165. http://www.schiebocklive.de/warum.htm
2166. http://www.kalender.motorradseiten.at/menu.htm
2167. http://www.inregensburg.de/home.html

Das Neuheiten- & Trendartikelgeschäft

2168. http://www.cityfee.de/dortmund/kleinanzeigen.html
2169. http://www.baierfoto.de/index.html
2170. http://www.imrecklinghausennet.de/kleinanzeigen/class-
2171. http://www.investmentfonds-aktienfonds-aktien.de/
2172. http://www.bill.de/index.shtml
2173. http://www.marbella-2000.de/webdesign/
2174. http://www.main-kinzig-suche.de/kleinanzeigen/
2175. http://www.jobhai.de/03_jobwoche.htm
2176. http://www.newton-net.de/messen.htm
2177. http://www.einkaufen-in-drensteinfurt.de/klein/Kleinanzmitte.htm
2178. http://www.zagatta.de/default.htm
2179. http://www.taidojitsu.de/page7.html
2180. http://www.soulflat.de/anders.html
2181. http://www.w88.de/pop/b_o.html
2182. http://www.prima-lorenz.de/left_defaultmasterborder.html
2183. http://www.nonose.de/
2184. http://www.shoppen-online-24.de/
2185. http://www.hitdomains.de/
2186. http://www.gdp-hessen.de/psg/psg_index.shtml
2187. http://www.gayboyservice.de/fm/index.html
2188. http://www.emsland-aktuell.com/petent/
2189. http://www.info-2.de/
2190. http://www.mieterfalle.de/
2191. http://www.wewo-online.com/wewo/
2192. http://www.w88.de/b_o.html
2193. http://www.atzelino.de/inhalt.htm
2194. http://www.hier-gratis.de/kleinanzeigen/start.htm
2195. http://www.systemtipps.de/
2196. http://www.modeservice.de/00008.html
2197. http://www.profilm.de/insel/books/auftrag.htm
2198. http://www.mooncity.com/Site-Ordner/Landung.html
2199. http://www.kinder-fundgrube.de/index.html
2200. http://www.mobilfunkanzeigen.de/
2201. http://www.hamue-netz.de/index.html
2202. http://www.schnellsuche.com/chat/
2203. http://www.anhaengerbau.at/submit.php

Das Neuheiten- & Trendartikelgeschäft

2204. http://www.delius-klasing.de/main.htm
2205. http://www.kostenlose-kleinanzeigen.de/inserate/kostenlose-
2206. http://www.kostenlose-kleinanzeigen.de/inserate/kostenlose-
2207. http://www.kostenlose-kleinanzeigen.de/inserate/kostenlose-
2208. http://www.kostenlose-kleinanzeigen.de/inserate/kostenlose-
2209. http://www.kostenlose-kleinanzeigen.de/inserate/kostenlose-
2210. http://www.kostenlose-kleinanzeigen.de/inserate/kostenlose-
2211. http://www.kostenlose-kleinanzeigen.de/inserate/kostenlose-
2212. http://webkatalog.suchmaschine.com/suchen/wirtschaft/dienst/tunin
2213. http://webkatalog.suchmaschine.com/suchen/wirtschaft/handel/vers
2214. http://webkatalog.suchmaschine.com/suchen/regional/de/d/duisbur
2215. http://webkatalog.suchmaschine.com/suchen/wirtschaft/kl_anz/jobs
2216. http://webkatalog.suchmaschine.com/suchen/regional/de/f/freising.
2217. http://www.schleuse.de/maschine/World/Deutsch/Einkaufen/Motorr
2218. http://www.schleuse.de/maschine/World/Deutsch/Einkaufen/Samm
2219. http://www.martin-stelte.de/links.html
2220. http://wpnetwork.de/kik/
2221. http://www.ipzv-lippe.de/Pinwand/pinwand.html
2222. http://www.as-motorsport.de/home.htm
2223. http://www.haus-bau-marktplatz.de/reitervereine/
2224. http://www.glehn-online.de/Start.htm
2225. http://www.gesundheit-in-speyer.de/
2226. http://www.trendmagazin.de/forum/index.shtml
2227. http://www.rolf.de/rolfwelc.html
2228. http://www.a-et.com/instru.htm
2229. http://www.berlinchat.de/
2230. http://www.atzelino.de/
2231. http://www.motorrad-link.de/Cool/
2232. http://www.foto-shop.de/fotoshop.htm
2233. http://www.f-sachsenhausen.de/Aktuelles/aktuelles.htm
2234. http://www.oenet.de/service.htm
2235. http://www.frankfurt-stadtmitte.de/index.htm
2236. http://www.reit-hose.de/Marktplatz/marktplatz.html
2237. http://www.xaver.de/a_body.html
2238. http://www.hessen-center.de/kleinanzeigen/index_u.html
2239. http://www.ludwig-immler.de/kleinanzeigen/index_o.html

Das Neuheiten- & Trendartikelgeschäft

2240. http://www.ikzl.com/news.htm
2241. http://etwas-umsonst.de/reisen/index.php3
2242. http://www.superedv.de/forum/kleinanzeigen.html
2243. http://lueneburger.de/download/download-nuetzliches.htm
2244. http://www.hesse-versand.de/klein_az.htm
2245. http://www.aar-web.de/
2246. http://www.saubillig24.de/homea.htm
2247. http://www.blauwasser.navkom.net/
2248. http://www.logos-via-sms.de/sparkasse/
2249. http://www.m-p-3.de/kleinanzeigen/computer/
2250. http://wolpertinger.hypermart.net/index.html
2251. http://www.emmental.net/pressemitteilung.php
2252. http://www.zweiradsuche.de/Top/
2253. http://www.ipzv-lippe.de/Pferdemarkt/pferdemarkt.html
2254. http://siby-1.de/floh.htm
2255. http://www.ohne-moos-nix-los.de/sitemap.html
2256. http://www.kiek-eben.de/9908/inhalt.html
2257. http://www.gstdata.de/
2258. http://www.erosbox.de/anzeigen/index.php
2259. http://www.call9.de/anundverkauf.htm
2260. http://www.talk4all.de/
2261. http://www.ascheberg.gmxhome.de/
2262. http://www.m-diehm.de/neu.htm
2263. http://www.carlsberger.de/main.html
2264. http://www.isp-berlin.de/index.html
2265. http://www.handy-kleinanzeigen.de/werbung.php3
2266. http://www.klassik.com/de/community/classifieds/ads/b21.htm
2267. http://www.graumann-digital.de/privat/anzeigen.htm
2268. http://www.jr-computer.de/hauptmen.htm
2269. http://www.bayernhandwerk.de/neue_seite_1.htm
2270. http://www.germancgi.de/markt/pctouri.html
2271. http://www.manix.de/kleinanzeigen/index_u.html
2272. http://www.mopedsammlung.de/kleinanzeigen/index_o.html
2273. http://www.briefmarken-heidelberg.de/Leistungen.htm
2274. http://running-
2275. http://www.fortunecity.com/skyscraper/techie/12/auto.htm

Das Neuheiten- & Trendartikelgeschäft

2276. http://www.sammlerparadies.de/navigation.htm
2277. http://www.shopping99.de/frame_mitte.html
2278. http://www.cockfieldt.com/index.htm
2279. http://www.ahkraemer.com/nix-gut/nix_gut_ka.htm
2280. http://goe-search.de/Marktplatz/
2281. http://www.muehlhausen.net/markt/
2282. http://jenaonline.de/anzeigen.shtml
2283. http://www.hc-access.de/Kleinanzeigen/kleinanzeigen.html
2284. http://www.vfdnet.de/forum/Pinnwand/posts/883.html
2285. http://www.dental-markt.de/anzeigen/praxeinricht-kaufe.htm
2286. http://www.dortmund-online.de/pick.php
2287. http://www.berlinerlinks.de/anzeigen.html
2288. http://www.petomania.de/fu__defaultmasterborder.html
2289. http://db.internetdienste.de/frettchen/anzeigen.nsf
2290. http://www.geld-verdienen-online.com/index.html
2291. http://www.anzeigenschleuder.com/html/Kleinanzeigen01.htm
2292. http://www.ockstadt.de/Anzeigen/anzeigen.html
2293. http://www.marktplatzlueneburg.de/index.html
2294. http://www.studenten-welt.de/schwarzesbrett/brett.htm
2295. http://www.holzbauverlag.de/kleinanzeigen/index_o.html
2296. http://www.motorradweb.de/siasi_start.html
2297. http://www.billiger-shopping.de/surftipps/9/107/487/index.htm
2298. http://www.kfz-inserate.de/kfz_mitfahrzentralen.htm
2299. http://www.buehlerzell.de/kontakt_kommunikation/index.htm

6.2 Werbung in Zeitungen und Zeitschriften

Gerade für Existenzgründer im Dienstleistungsbereich sind Zeitungen und Zeitschriften das bevorzugte Werbemedium. Aber auch für Gründer im Handelsbereich kann diese Werbung sinnvoll sein. Deshalb hier die besten Kontaktadressen von regionalen und überregionalen Zeitungen und Zeitschriften:

Das Neuheiten- & Trendartikelgeschäft

Aachener Nachrichten	info@an-online.de
Aachener Zeitung	info@aachener-zeitung.de
Alfelder Zeitung	info@alfelder-zeitung.de
Aller Zeitung	az@madsack.de
Allgäuer Anzeigeblatt	info@allgaeuer-anzeigeblatt.de
Allgäuer Zeitung	redaktion@azv.de
Allgemeine Laber-Zeitung	redaktion@laber-zeitung.de
Allgemeine Zeitung (Coesfeld)	redaktion@azonline.de
Allgemeine Zeitung (Mainz)	webmaster@main-rheiner.de
Allgemeiner Anzeiger (Halver)	aa@mzv.net
Altenaer Kreisblatt	ak@mzv.net
Altländer Tageblatt	redaktion-std@tageblatt.de
Altmühl-Bote	verlag@altmuehl-bote.de
Alt-Neuöttinger Anzeiger	pnp@vgp.de
Amberger Nachrichten	AN@donau.de
Amberger Zeitung	redaktion@oberpfalznetz.de
Anzeiger für Harlingerland	anzeiger@ost-friesland.de
Ärzte-Zeitung	redaktion@aerztezeitung.de
Augsburger Allgemeine	info@augsburger-allgemeine.de
Backnanger Kreiszeitung	info@bkz-online.de
Baden Online / Badische Presse	juergen.rohn@reiff.de
Badische Zeitung	redaktion@badische-zeitung.de
Bayerische Rundschau	br@baumann-online.de

Das Neuheiten- & Trendartikelgeschäft

Bayerwald-Bote	pnp@vgp.de
Bayerwald Echo	mz-redaktion@mz.donau.de
Bergische Landeszeitung	BLZ.GL@kr-redaktion.de
Berliner Abendblatt	redaktion@gujba.com
Berliner Kurier	bkrbk@berlinonline.de
Berliner Morgenpost	redaktion@berliner-morgenpost.de
Berliner Zeitung	redaktion@bz-berlin.de
Biebertal-Wetterberger	red@lahn-dill.de
Bietigheimer Zeitung	redaktion@bietigheimerzeitung.de
Bild	brief@bild.de
Bleckeder Zeitung	webmaster@joswigweb.de
Böblinger Bote	info@bb-live.de
Bocholter-Borkener Volksblatt	redaktion@bbv-net.de
Böhme-Zeitung	mail@boehme-zeitung.de
Bogener Zeitung	redaktion@bogener-zeitung.de
Bonner Rundschau	Bonner.Rundschau@kr-redaktion.de
Bönnigheimer Zeitung	info@bietigheimermedien.de
Borkener Zeitung	verlag@bz-net.de
Borkumer Zeitung	verlag@borkumer-zeitung.de
Braunschweiger Zeitung	redaktion.newsclick@newsclick.de
Bremer Nachrichten	jens.tittmann@team.nwn.de
Brunsbütteler Zeitung	redaktion@sh-nordsee.de
Buersche Zeitung	linnhoff@westline.de
Burghauser Anzeiger	pnp@vgp.de
Buxtehuder Tageblatt	redaktion-bux@tageblatt.de

Das Neuheiten- & Trendartikelgeschäft

BZ Berlin	redaktion@bz-berlin.de
Cellesche Zeitung	redaktion@cellesche-zeitung.de
Chamer Zeitung	redaktion@chamer-zeitung.de
Chiemgau-Zeitung	info@ovb.net
Coburger Tageblatt	Redaktion@ct-coburg.de
Cuxhavener Nachrichten	Redaktion@CuxOnline.de
Darmstädter Echo	redaktion@darmstaedter-echo.de
Dedinghausen Aktuell	d.a.@dedinghausen.de
Deggendorfer Zeitung	pnp@vgp.de
Deister- und Weser-Zeitung	redaktion@dewezet.de
Delmenhorster Kreisblatt	info@dk-online.de
Der Bote für Nürnberg-Land	redaktion@der-bote.de
Der neue Tag	redaktion@oberpfalznetz.de
Der Patriot	zeitungsverlag@derpatriot.com
Der Tagesspiegel	redaktion@tagesspiegel.de
Der Teckbote	koehle@teck.de
Der Westallgäuer	redaktion@azv.de
Deutsches Allg. Sonntagsblatt	ds@sonntagsblatt.de
Die Glocke (Oelde)	postmaster@die-glocke.de
Die Harke (Nienburg)	lokales@harke-online.de
Die Rheinpfalz	redaktion@ron.de
die tageszeitung [taz]	briefe@taz.de
Die Welt	redaktion@welt.de
Die Zeit	redaktion@zeit.de

Das Neuheiten- & Trendartikelgeschäft

Dill Post	red@lahn-dill.de
Dill-Zeitung / Haigerer Kurier / Herborner Echo	dillewd@dill.de
Dithmarscher Landeszeitung	dlz-bz@sh-nordsee.de
Döbelner Anzeiger	da-online@doebeln-sachsen.de
Donaukurier	info@clix.de
Donau Post	redaktion@donau-post.de
Donau-Zeitung	info@augsburger-allgemeine.de
Donauwörther Zeitung	info@augsburger-allgemeine.de
Dresdner Neueste Nachrichten	d.birgel@dnn.de
Dürener Zeitung	info@aachener-zeitung.de
Düsseldorfer Nachrichten	online-redaktion@wz-newsline.de
Eckernförder Zeitung	redaktion@eckernfoerder-zeitung.de
Eichstätter Kurier	online-redaktion@donaukurier.de
Elbmarschpost	redaktion@elbmarschpost.de
Elmshorner Nachrichten	redaktion@en-online.de
Emsdettener Volkszeitung	redaktion@westline.de
Erlanger Nachrichten	redaktion@erlanger-nachrichten.de
Eßlinger Zeitung	redaktion@ez-online.de
EUR-OP News	info-info-opoce@cec.eu.int
Express	redaktion@express.de
Financial Times Deutschland	info@ftd.de
Focus	redaktion@focus.de
Frankenpost	cvd@frankenpost.de

Das Neuheiten- & Trendartikelgeschäft

Frankfurter Allgemeine Zeitung	redaktion@faz.de
Frankfurter Neue Presse	fnp@rhein-main.net
Frankfurter Rundschau	redaktion@fr-aktuell.de
Fränkische Nachrichten	chefredaktion@fraenkische-nachrichten.de
Fränkischer Anzeiger	info@rotabene.de
Fränkischer Tag	w.lorz@f-t.de
Freie Presse	online-redaktion@freiepresse.de
Freies Wort	redaktion@freies-wort.de
Freitag (Die Ost-West-Wochenzeitung)	redaktion@freitag.de
Friedberger Allgemeine	info@augsburger-allgemeine.de
Fuldaer Zeitung	webmaster@fulda-online.de
Fürther Nachrichten	fn-redaktion@pressenetz.de
Füsser Blatt	redaktion@holdenried.com
Gäubote Herrenberg	redaktion@gaeubote.de
Gandersheimer Kreisblatt	kreisblatt@t-online.de
Gelnhäuser Neue Zeitung	redaktion@gnz.de
Gelnhäuser Tageblatt	redaktion@gt-online.net
General-Anzeiger (Bonn)	redaktion@ga-bonn.de
General-Anzeiger Ostfriesl. / Oldenburg / Emsland	wm@ga-online.de
General-Anzeiger Rhauderfehn	ga-info@ga-online.de
General Anzeiger Wuppertal	online-redaktion@wz-newsline.de
Gießener Allgemeine Zeitung	redaktion@giessener-allgemeine.de

Das Neuheiten- & Trendartikelgeschäft

Gießener Anzeiger	redaktion@anzeiger.net
Gmünder Tagespost	gt-redaktion@tagespost.de
Goslarsche Zeitung - Harzer Tageblatt	redaktion@goslarsche-zeitung.de
Göttinger Tageblatt	GTageblatt@aol.com
Grafenauer Anzeiger	pnp@vgp.de
Grafschafter Nachrichten	gn@gnonline.de
Gränzbote Schwaben	information@szo.de
Günzburger Zeitung	info@augsburger-allgemeine.de
Haigerer Zeitung	red@lahn-dill.de
Haller Kreisblatt	redaktion@haller-kreisblatt.de
Haller Tagblatt	redaktion@hallertagblatt.de
Hallertauer Zeitung	mail@www.hallertauer-zeitung.de
Hamburger Abendblatt	briefe@abendblatt.de
Hamburger Morgenpost	hamburg@mopo.de
Hanauer Anzeiger	verlag@hanauer.de
Hanau-Post	red.hanau@op-online.de
Handelsblatt	handelsblatt@vhb.de
Hannoversche Allgemeine	haz@madsack.de
Harburger Nachrichten	Redaktion@han-online.de
Heidenheimer Neue Presse	redaktion@hnp-online.de
Heidenheimer Zeitung	redaktion@hz-online.de
Heilbronner Stimme	redaktion@stimme.de
Heinsberger Zeitung	info@aachener-zeitung.de
Hellerthaler Zeitung	webmaster@hellerthaler-zeitung.de

Das Neuheiten- & Trendartikelgeschäft

Hellweger Anzeiger	redaktion@hellwegeranzeiger.de
Herborner Tageblatt	red@lahn-dill.de
Hersbrucker Zeitung	verlag@hersbrucker-zeitung.de
Hersfelder Zeitung	lenz@hersfelder-zeitung.de
Hessisch Niedersächsische Allgemeine	pmz@hna.de
Hildesheimer Allgemeine Zeitung	haz-red@gerstenberg.com
Hinterländer Anzeiger	red@lahn-dill.de
Hofer Anzeiger	info@hofer-anzeiger.de
Hohenloher-Zeitung	redaktion@stimme.de
Holsteinischer Courier	hlo@courier.de
Honnefer Volkszeitung	info@hvz.de
Ibbenbürener Volkszeitung	redaktion@ivz-online.de
Illertisser Zeitung	info@augsburger-allgemeine.de
Illtal Anzeiger	skolling@stadtanzeiger-saar.de
Ipf- und Jagst-Zeitung	information@szo.de
Isar-Loisachbote	il-bote@merkur-online.de
Iserlohner Kreisanzeiger	verlag@ikz-online.de
Jülicher Zeitung	info@aachener-zeitung.de
Junge Welt	redaktion@jungewelt.de
Jungle World Berlin	redaktion@jungle-world.com
Kaufbeurer Tagblatt	redaktion.kaufbeuren@azv.de
Kempter Tagblatt	redaktion.kempten@azv.de
Kevelaerer Blatt	Kevelaer-Blatt@t-online.de

Das Neuheiten- & Trendartikelgeschäft

Kieler Nachrichten	service@kn-online.de
Kinzigtal Nachrichten	knsekretariat@fuldaerzeitung.de
Kölner Stadt-Anzeiger	Karl-Heinz.Flesch@mds.de
Kölnische Rundschau	KR.Koeln-Stadt@kr-redaktion.de
Kornwestheimer Zeitung	moc@kwz.de
Kötztinger Zeitung	redaktion@koetztinger-zeitung.de
Kreiszeitung Syke	ziller@kreiszeitung.de
Kulmbach Aktuell	service@baumann-online.de
Landauer Neue Presse	pnp@vgp.de
Landauer Zeitung	redaktion@landauer-zeitung.de
Landsberger Tagblatt	info@augsburger-allgemeine.de
Landeszeitung Lüneburg	info@landeszeitung.de
Landshuter Zeitung	stadtred@landshuter-zeitung.de
Lausitzer Rundschau	lr@lr-online.de
Leipziger Volkszeitung	holger.herzberg@lvz-online.de
Lippische Landes-Zeitung	LZ@lz-online.de
Lohrer Echo	redaktionssekretariat@main-echo.de
Lokal-Anzeiger Hamburg	HB@lokal-anzeiger-verlag.de
Lübecker Nachrichten	redaktion@ln-luebeck.de
Lüdenscheider Nachrichten	ln@mzv.net
Mangfall-Bote	info@ovb.net
Main-Echo	redaktion@main-echo.de
Main-Post	redaktion@mainpost.de
Mannheimer Morgen	redaktion@mamo.de
Marburger Neue Zeitung	red@lahn-dill.de

Das Neuheiten- & Trendartikelgeschäft

Märkische Oder-Zeitung	redaktion@moz.de
Märkischer Zeitungsverlag	info@come-on.de
Marktoberdorfer Landbote	redaktion.marktoberdorf@azv.de
Meinerzhagener Zeitung	mz@mzv.net
Memminger Zeitung	info@mm-zeitung.de
Mendener Zeitung	mkrigar@westfaelischer-anzeiger.de
Miesbacher Merkur	mb-merkur@merkur-online.de
Mindelheimer Zeitung	info@augsburger-allgemeine.de
Mindener Tageblatt	mt@mt-online.de
Mittelbadische Presse	juergen.rohn@reiff.de
Mittelbayerische Zeitung	mz-redaktion@mz.donau.de
Moosburger Zeitung	redaktion@moosburger-zeitung.de
Mühlacker Tagblatt	mt@s-direktnet.de
Mühldorfer Anzeiger	info@ovb.net
Münchner Abendzeitung	info@az-online.net
Münchner Merkur	lokales@merkur-online.de
Münsterländische Tageszeitung	info@mt-clp.de
Münsterländische Volkszeitung	redaktion@mv-online.de
Münstersche Zeitung	gregor.bothe@medienhaus-lensing.de
Nahe-Zeitung	info@verlag.rhein-zeitung.de
Nassauer Tageblatt	red@lahn-dill.de
Neuburger Rundschau	info@augsburger-allgemeine.de
Neu-Ulmer Zeitung	redaktion@nuz.de

Das Neuheiten- & Trendartikelgeschäft

Neue Deister-Zeitung	medien@dewezet.de
Neue Osnabrücker Zeitung	j.lintel@neue-oz.de
Neue Presse Coburg	redaktion@np-coburg.de
Neue Presse Hannover	np@madsack.de
Neue Ruhr Zeitung	redaktion@nrz.de
Neue Westfälische	redaktion@neue-westfaelische.de
Neues Deutschland	webmaster@neuesdeutschland.de
Neumarkter Anzeiger	info@ovb.net
Neumarkter Nachrichten	nm_foto@smtp.pressenetz.de
Neumarkter Tagblatt	mz-redaktion@mz.donau.de
Neunkircher Stadtanzeiger	breichhart@stadtanzeiger-saar.de
Neuß-Grevenbroicher Zeitung	redaktion@ngz-online.de
Niederelbe-Zeitung	redaktion@nez.de
Niederrhein Zeitung	online-redaktion@wz-newsline.de
Nord-Stuttgarter Rundschau	verlagheinz@t-online.de
Nordbayer. Nachrichten Forchheim	nn-forchheim-redaktion@pressenetz.de
Nordbayer. Nachrichten Herzogenaurach	nn-herzogenaurach-redaktion@pressenetz.de
Nordbayer. Nachrichten Pegnitz	nn-pegnitz-redaktion@pressenetz.de
Nordbayerischer Kurier	gdm@kurier.tmt.de
Norddeutsche Neueste Nachrichten	fischer@hansenet.de
Nordkurier	info@nordkurier.de
Nordseezeitung	Redaktion@Nordsee-zeitung.de

Das Neuheiten- & Trendartikelgeschäft

Nordwest-Zeitung	info@nwn.de
Nürnberger Nachrichten	joachim.hauck@pressenetz.de
Nürtinger Zeitung	redaktion@ntz.de
Oberbayerisches Volksblatt	info@ovb.net
Oberbergische Volks- Zeitung	kontakt@rundschau-online.de
Oberhessische Presse	info@op-marburg.de
Oberhessische Zeitung Alsfeld	oz.ehrenklau@t-online.de
Obermain-Tagblatt	redaktion@obermain.de
Oberpfälzer Nachrichten	mz-redaktion@mz.donau.de
Offenbach-Post	service@op-online.de
Oldenburgische Volkszeitung	info@ov-online.de
Ostfriesen Zeitung	redaktion@ostfriesen-zeitung.de
Ostfriesische Nachrichten	on-info@on-online.de
Ostsee Zeitung	online@ostsee-zeitung.de
Ostthüringer Zeitung	redaktion@otz.de
Passauer Neue Presse	pnp@vgp.de
Pegnitz Zeitung	redaktion@pegnitz-zeitung.de
Peiner Allgemeine Zeitung	paz@madsack.de
Pfaffenhofener Kurier	online-redaktion@donaukurier.de
Pforzheimer Kurier	kurier@netz-der-region.de
Pforzheimer Zeitung	redaktion@pz-news.de
Pirmasenser Zeitung	majer@pz.pirmasens.de
Plattlinger Anzeiger	redaktion@plattlinger-anzeiger.de
Potsdamer Neueste Nachrichten	pnn@potsdam.de

Das Neuheiten- & Trendartikelgeschäft

richten

Recklinghäuser Zeitung	redaktion@westline.de
Rehauer Tagblatt	info@hofer-anzeiger.de
Rems-Zeitung	info@rems-zeitung.de
Remscheider General-Anzeiger	kratz@rga-online.de
Reutlinger General-Anzeiger	gea@gea.de
Rheiderland-Zeitung	redaktion@rheiderland.de
Rhein-Ahr Rundschau	Rhein-Ahr.Rundschau@kr-redaktion.de
Rhein-Hunsrück-Zeitung	info@verlag.rhein-zeitung.de
Rhein-Lahn-Zeitung	info@verlag.rhein-zeitung.de
Rhein-Neckar-Zeitung	rnz-hd@t-online.de
Rhein-Sieg Rundschau	Rhein-Sieg.Rundschau@kr-redaktion.de
Rhein-Zeitung	M.Lohmann@rhein-zeitung.de
Rheiner Volksblatt	redaktion@mv-online.de
Rheinpfalz	info@ron.de
Rheingau-Echo	Redaktion@rheingau-echo.de
Rheinische Post	online@rp-online.de
Rheinischer Merkur	redaktion@merkur.de
Rotenburger Kreiszeitung	kliesch@rotenburger-kreiszeitung.de
Rotenburger Rundschau	Marienhagen@rotenburger-rundschau.de
Roth-Hilpoltsteiner Volkszeitung	roth-hilpoltsteiner-volkszeitung@pressenetz.de
Rottaler Anzeiger	pnp@vgp.de

Das Neuheiten- & Trendartikelgeschäft

Ruhr Nachrichten	linnhoff@westline.de
Saale Zeitung	info@saale-zeitung.de
Saarbrücker Zeitung	redaktion@sz-newsline.de
Sächsische Zeitung	herrmann@sz-online.de
Salzgitter Zeitung	redaktion@newsclick.de
Schaumburger Nachrichten	sn@madsack.de
Schleswig-Holsteinischer Zeitungsverlag	redaktion@shz.de
Schongauer Nachrichten	redaktion@merkur-online.de
Schwabacher Tagblatt	redaktion@schwabacher-tagblatt.de
Schwäbische Post	sp-redaktion@schwaepo.de
Schwäbische Zeitung	s.koerting@szo.de
Schwäbische Zeitung Sigmaringen	info@sz-sigmaringen.de
Schwäbisches Tagblatt	redaktion@tagblatt.de
Schwabmünchner Allgemeine	info@augsburger-allgemeine.de
Schwarzwälder Bote	redaktion@swol.de
Schweinfurter Tagblatt	redaktion@mainpost.de
Schweriner Volkszeitung	chefredaktion@svz.de
Seesener Beobachter	info@seesener-beobachter.de
Segeberger Zeitung	info@segeberger-zeitung.de
Siegener Zeitung	redaktion@siegener-zeitung.de
Sindelfinger Zeitung / Böblinger Zeitung	redaktion@szbz.de
Soester Anzeiger	hstrumann@soester-anzeiger.de
Solinger Tageblatt	reiffert@solingen-online.de

Das Neuheiten- & Trendartikelgeschäft

Solms-Braunfelser	red@lahn-dill.de
Spiegel	mathias_mueller_von_blumencron@spiegel.de
Spandauer Journal	spandau@spandauer-journal.de
Speyerer Tagespost	juergengruler@tagespost-speyer.de
St. Wendeler Stadtanzeiger	hrennen@stadtanzeiger-saar.de
Stader Tageblatt	journal@tageblatt.de
Stadtanzeiger Saarland	stwendel@stadtanzeiger-saar.de
Steinfurter Kreisblatt	redaktion@westfaelische-nachrichten.de
Stern	kramper.gernot@stern.de
Stolberger Zeitung	lokales@mail.stolberger-zeitung.de
Straubinger Tagblatt	redaktion@straubinger-tagblatt.de
Stuttgarter Nachrichten	redaktion@stz.zgs.de
Süddeutsche Zeitung	redaktion@sueddeutsche.de
Süderländer Volksfreund	sv@mzv.net
Südhessen Morgen	redaktion@mamo.de
Südkurier	redaktion@suedkurier.de
Südthüringer Zeitung	redaktion@stz-online.de
Südwest Presse	redaktion@swp.de
Südwest Presse	redaktion@swp.de
Tagesspiegel	redaktion@tagesspiegel.de
taz ruhr	Franz@taz-ruhr.de
The Munich Times	Mail@mTimes.com
Thüringische Landeszeitung	redaktion@tlz.de

Das Neuheiten- & Trendartikelgeschäft

Trierischer Volksfreund	redaktion@intrinet.de
Torgauer Zeitung	webmaster@haus-der-presse.de
Treuchtlinger Kurier	Verlag@treuchtlinger-kurier.de
Trossinger Zeitung	information@szo.de
Trostberger Tagblatt	info@chiemgau-online.de
tz München	redaktion@tz-online.de
Uckermark Kurier	info@nordkurier.de
Uetersener Nachrichten	info@uena.de
Usedom Kurier	info@nordkurier.de
Usinger Anzeiger	redaktion@giessener-anzeiger.de
Vaihinger Kreiszeitung	info@vkz.de
VDI-Nachrichten	redaktion@vdi-nachrichten.com
Vereinigte Wirtschaftsdienste	sfix@vwd.de
Viechtacher Bayerwald- Bote	pnp@vgp.de
Vilsbiburger Zeitung	redaktion@vilsbiburger-zeitung.de
Vilshofener Anzeiger	pnp@vgp.de
Visselhöveder Nachrichten	kliesch@rotenburger-kreiszeitung.de
Vlothoer Anzeiger	mkrigar@westfaelischer-anzeiger.de
Vogtland-Anzeiger	fp-verlag@frankenpost.de
Volksblatt Würzburg	newsline@mainpost.de
Volkszeitung Schweinfurt	redaktion@mainpost.de
Waiblinger Kreiszeitung	info@zvw.de
Walsroder Zeitung	WalsroderZeitung@wz-net.de
Weilburger Tageblatt	red@lahn-dill.de
Weilheimer Tagblatt	redaktion@merkur-online.de

Das Neuheiten- & Trendartikelgeschäft

Weißenburger Tagblatt	verlag@weissenburger-tagblatt.com
Wendlinger Zeitung	forum@ntz.de
Werdener Nachrichten	gereon.buchholz@cww.de
Werra-Rundschau	eschwege.de@eschwege.de
Wertinger Zeitung	inf@augsburger-allgemeine.de
Weser-Kurier	redaktion@tachauch.de
Westdeutsche Zeitung	redaktion@wz-newsline.de
Westerwälder Zeitung	info@verlag.rhein-zeitung.de
Westfalen-Blatt	r_dressler@westfalen-blatt.de
Westfalenpost	westfalenpost@cityweb.de
Westfälische Nachrichten	redaktion@wnonline.de
Westfälische Rundschau	zentralredaktion@westfaelische-rundschau.de
Westfälischer Anzeiger	webmaster@mzv.net
Wetzlaer Neue Zeitung	red@lahn-dill.de
Wiesbadener Kurier	Michael.Emmerich@vrm.de
Wiesbadener Tagblatt	info@main-rheiner.de
Wilhelmshavener Zeitung	WHV@wzonline.de
Winsener Anzeiger	info@winsener-anzeiger.de
Wolfburger Allgemeine	waz@madsack.de
Wolfburger Nachrichten	info@newsclick.de
Wormser Zeitung	info@main-rheiner.de
Wuppertaler Lokalseiten	wuppertal@lokalseiten.de
Zeit, Die	redaktion@zeit.de
Zeitungsgruppe Lahn-Dill	red@lahn-dill.de

Das Neuheiten- & Trendartikelgeschäft

Zeitungsverlag Waiblingen	wmueller@redaktion.zvw.de
Zollern-Alb-Kurier	redaktion@zollernalbkurier.de

6.3 Direktmarketing – kostengünstig und effektiv

Als Direktmarketing bezeichnet man Werbung, die den Kunden direkt erreicht, ohne große Medien wie Fernsehen und Zeitungen zu benutzen. Üblicherweise wird Direktmarketing hauptsächlich per Empfehlung, Brief oder Telefon durchgeführt. Der Vorteil daran ist, dass Sie relativ kostengünstig viele potentielle Kunden erreichen.

Zum Thema Direktmarketing gibt es unzählige Informationen im Internet. Die besten Seiten dazu erhalten Sie, indem Sie einfach den Begriff „Direktmarketinganbieter" in eine große Internet-Suchmaschine eingeben.

6.4 Eine kostenlose Homepage erstellen – so gehts!

Kaum ein Unternehmen kommt heute noch ohne einen ansprechenden Internetauftritt aus. Dabei wird die Erstellung einer guten Website immer einfacher und preiswerter. Mit der richtigen Information geht das sogar ganz kostenlos. Diese Möglichkeit sollten Sie unbedingt nutzen. Auf einer eigenen Internetseite können Sie Hintergrundinformationen über Ihre Ware oder Dienstleistung, zu Ihrer Firma und deren Geschäftspolitik geben. Außerdem haben Sie die Möglichkeit, spezielle Sonderangebote oder Mengenrabatte anzubieten, mit denen der Kunde Geld spart.

Schreiten wir also zur Tat. Eine Homepage einzurichten und zu gestalten ist heute kinderleicht. Sie müssen weder Kenntnisse im Programmieren mit HTML haben, noch müssen Sie etwas von Grafikdesign o.ä. verstehen. Auf der folgenden Internetseite können Sie eine Homepage in wenigen Minuten erstellen. Dank des integrierten Baukastensystems ist das ganz einfach.

www.2page.de

Die Erstellung der Homepage ist bei 2page.de völlig kostenlos. Dank eines ausgeklügelten Punktesystems können Sie sich nach und nach immer mehr Speicherplatz für die Homepage „dazuverdienen". Doch auch schon am Anfang steht genügend Platz für bis zu 20 Unterseiten zur Verfügung.

Die Homepage muss aber gar nicht besonders umfangreich werden. Sie können sich und Ihr Geschäft etwas näher vorstellen und die Tätigkeitsbereiche beschreiben. Auch die Produktbeschreibungen lassen sich auf der Homepage noch ausführlicher darstellen als in Prospekten oder Werbesendungen.

Ein weiteres Plus ist der Webspace für das Ablegen von Artikelfotos. Von hier aus können die Fotos direkt mit Ihren Angeboten im eigenen Webshop verlinkt werden.

6.5 Einen kostenlosen Webshop erstellen – schnell und einfach!

Webshops sind virtuelle Warenhäuser im Internet und haben den unschätzbaren Vorteil, dass sie – einmal eingerichtet – kaum noch Arbeit machen und rund um die Uhr für Millionen von Menschen auf der ganzen Welt geöffnet sind.

So ein Webshop lässt sich ebenso leicht und kostenfrei erstellen wie Ihre Homepage. Leider bietet 2page.de keinen solchen Shop direkt zur Homepage mit an. Das ist aber kein Problem. Sie kön-

Das Neuheiten- & Trendartikelgeschäft

können von Ihrer Homepage aus auf den Shop eines anderen Anbieters verlinken.

Ein toller und sehr einfach zu erstellender Shop ist auf der folgenden Website zu erhalten. Und das Beste: Sie brauchen keinen Cent dafür zu bezahlen!

www.kostenloser-shop.com

In der kostenlosen Version dieses Shops können Sie bis zu 200 Artikel anbieten. Das sollte für den Anfang reichen. Sobald Sie Ihre Waren in den Shop eingepflegt haben, können Sie ihn zusammen mit der Homepage in diverse Suchmaschinen eintragen lassen. Mehr dazu gleich.

6.6 Einträge in Suchmaschinen – sehr wichtig!

Ohne Suchmaschinen wie Google & Co. Wäre das Erstellen einer Homepage, evtl. mit Webshop, ziemlich überflüssig. Fast keiner würde Ihre Angebote finden. Der Suchmaschineneintrag ist also absolute Pflicht.

Es gibt spezielle Dienstleister, die diese Einträge gegen eine angemessene Bezahlung übernehmen. Sie werben meistens damit, dass die Homepage in tausende verschiedener Suchmaschinen eingetragen wird. Doch ist das wirklich nötig? Ich meine: Nein. Denn die überwiegende Mehrheit der deutschen und europäischen Bevölkerung nutzt nur wenige große Suchmaschinen. Was haben Sie davon, wenn Ihre Homepage in Suchmaschinen eingetragen wird, die fast keiner kennt? Warum also Geld ausgeben, wenn man das Wichtigste auch kostenlos bekommen kann?

2page.de hat einen Link zu einem kostenlosen Eintragdienst bereitgestellt. Loggen Sie sich dazu in Ihren Admin-Bereich ein

Das Neuheiten- & Trendartikelgeschäft

und klicken Sie links in der Menuleiste auf „Einstellungen". Es öffnet sich ein weiteres Untermenu. Dort klicken Sie auf „Metatags". Ganz unten auf der Metatags-Seite finden Sie den Link zum Suchmaschinen-Eintragdienst „onlyfree". Er meldet Sie bei allen großen und wichtigen Suchmaschinen kostenlos an. Folgen Sie einfach den Anweisungen.

6.7 Einträge in Linklisten

Wenn alles gut geklappt hat, dürften bald die ersten Besucher auf Ihrer Homepage und im Shop auftauchen. Doch man kann noch mehr tun. Viele Internetnutzer surfen regelmäßig auf Linklisten und gelangen von dort aus zu den Homepages. Da darf Ihre Seite doch nicht fehlen!

Der folgende Anbieter hält ein echtes Knaller-Angebot bereit und trägt Ihre Seite kostenlos in rund 10.000 Linklisten ein. Sie müssen sich dazu noch nicht einmal registrieren. Also los!

www.netDesign24.de

Tipp: Für den Eintrag müssen Sie eine E-Mail-Adresse angeben. Benutzen Sie hierfür unbedingt eine separate Adresse, z.B. von Web.de oder GMX.de.

Der Grund: Manche Unternehmen nutzen spezielle Software, die das Internet nach E-Mail-Adressen durchforstet, um dann massenhaft Spam-Mails an diese Adressen zu verschicken. Es ist sehr nervend, täglich solche Mails an seine Haupt-E-Mail-Adressen zu bekommen. Zur Not können Sie die neue E-Mail-Adresse auch nach dem Linklisteneintrag wieder löschen, denn es geht ja nur um den Eintrag der Homepage in die Listen.

6.8 So kommen Sie an Kundenadressen

Wer seine Kunden durch Direktwerbung (per Versandprospekt) gewinnen will, benötigt gutes Adressenmaterial. Je nach Art der anzuschreibenden Personen oder Firmen kosten bei einem Adressenverlag gut sortierte Anschriften zwischen 35 und 50 Euro (und mehr) je tausend.

Dabei werden dann diese Adressen nicht für immer gekauft, sondern in der Regel nur für eine Werbeaktion gemietet. Lediglich Käufer, die mit dieser Werbeaktion gewonnen werden, dürfen in den eigenen Kundenadressenbestand übernommen werden.

Zu den Kosten für die Adressen kommt dann noch das Briefporto. Wer also Adressen kauft, sollte sicher sein, dass er eine Zielgruppe anspricht, die sich für seine Angebote auch wirklich interessiert. Rechnen Sie nämlich die Prospektherstellung, Versandhüllen, Bearbeitung und das Frankieren hinzu, müssen Sie für 1000 Aussendungen Kosten von 300 bis 400 Euro veranschlagen.

Bei Erstwerbung und Werbung mit Fremdadressen wäre eine Bestellquote von 3% = 30 Bestellungen bei 1.000 Aussendungen eine durchschnittliche bis gute Reaktion, 5 - 10% wären gut bis sehr gut. Resultate von unter 3% Rückläufen kann man als kaum ausreichend und etwa 1% als mies ansehen.

Die Werbekosten sollten bei einem guten Produkt beim ersten Anlauf in etwa gedeckt werden. Zusammen mit einer Nachfasswerbung wären Gewinne von 30 bis 50 % als ganz akzeptabel zu betrachten.

Die meisten angeschriebenen Personen werden zunächst kleinere Testbestellungen aufgeben. Darum ist es ratsam, die nunmehrigen Kunden karteimäßig zu erfassen und auch weiterhin mit Angeboten zu bedenken.

War der Käufer beim ersten Auftrag zufrieden, wird er weitere, größere Bestellungen tätigen. Mit anderen Worten: Die besten Adressen sind immer die eigenen Kundenadressen. Halten Sie deshalb jede Anschrift so fest, dass Sie jederzeit ersehen können, wofür sich der Kunde interessiert und was er bereits bezogen hat.

6.9 Alles über Co-Mailing

Da die Beförderungsgebühren der Post ständig steigen, schließen sich immer mehr Unternehmen zusammen und verschicken ihre Prospekte gemeinsam. Sofern die Angebote nicht miteinander konkurrieren, hat das den Vorteil, dass man a) Porto spart und b) neue Käuferkreise erschließt, deren Adressen man sonst erst kaufen oder durch Anzeigen erwerben müsste.

In der Regel funktioniert dieses Co-Mailing oder die "Huckepack-Werbung" folgendermaßen:

Eine Firma, die sich zum Mitversand Ihrer Prospekte bereiterklärt, versendet beispielsweise 1.000 Ihrer Angebote für EUR 50,-. Sie fügt sie ihrem eigenen Werbematerial bei und schickt alles zusammen an ihre Kunden.

Das würde bedeuten, dass Sie für 1.000 Prospekte statt des normalen Portos für 20 g nur 5 Cent je Prospekt bezahlen. Ersparnis bei 1.000 Prospekten: einige hundert Euro! Hinzu kommt, dass Sie keine Adressen zu kaufen, keine Umschläge herzustellen und keine Versandarbeiten durchzuführen haben. Voraussetzung ist natürlich, dass die Firma seriös ist und die Sammelwerbung auch wirklich korrekt durchgeführt wird.

Andererseits können Sie natürlich auch selbst einen solchen Co-Versand anbieten. Wenn Sie für vier oder fünf Beilagen je 50 Euro kassieren, verschicken Sie Ihre eigenen Prospekte kostenlos.

Das Neuheiten- & Trendartikelgeschäft

Der Erfolg einer solchen Gemeinschaftsaktion hängt in erster Linie von einer ehrlichen und sauberen Zusammenarbeit ab. Tests mit kleineren Mengen sind unbedingt zu empfehlen.

6.9.1 So sollten Angebotsprospekte aussehen

Sobald Sie einige gute Waren oder Dienstleistungen anzubieten haben, müssen Sie sich wohl oder übel Gedanken über die Art und Weise machen, wie Sie diese den interessierten Personen vorstellen wollen.

Wer die heute groß im Geschäft befindlichen Konzerne unseres Landes in ihrer Entwicklung verfolgt hat, wird wissen, dass auch sie - ohne Ausnahme - klein angefangen haben. Bevor Sie also daran gehen, unerschwinglich teure Kataloge drucken zu lassen, verfassen Sie zunächst erst einmal einen guten Werbeprospekt, der den Leuten zeigt, was Sie zu bieten haben.

Manche Firmen beschriften nun ein Blatt Papier eng an eng und wundern sich, dass kaum Bestellungen darauf eingehen. Wieder andere benutzen für ihre Werbebriefe schlechtes Material oder reden bei jedem zweiten Satz vom Preis - also vom eigenen Nutzen.

Ein guter Werbebrief sollte jedoch so gestaltet sein, dass man ihn wie ein gesprochenes Angebot liest: unkompliziert, klar und einfach. Geschraubte, gekünstelt wirkende Lindwurmsätze sollten vermieden werden.

Nach einer zündenden Überschrift folgen möglichst in stetem Wechsel Worte in Großschreibung, mit Unterstreichungen oder gesperrt geschrieben. Das lockert das Schriftbild etwas auf, und das Auge ermüdet nicht so schnell beim Lesen.

Geht der Text über zwei Seiten, lässt man ihn am besten an einer interessanten Stelle enden, damit der Leser neugierig auf die Fortsetzung wird. Links und rechts sowie oben und unten muss ein ausreichend breiter Rand bleiben. Das gibt dem ganzen Schreiben ein freundlicheres Bild und wird auch vom Drucker begrüßt.

Wie bei Anzeigen sollte stets der Nutzen des Käufers an erster Stelle stehen. Dabei kann es zweckmäßig sein, die einzelnen Punkte in getrennten Absätzen aufzuzählen. Soll ein Werbeprospekt Beachtung finden, muss darin hauptsächlich das zu lesen sein, was den Kunden interessiert.

Die Herstellung des Werbeprospekts lässt man am besten durch einen guten, preiswerten Druckhersteller vornehmen. Es gibt heute bereits Firmen, die Fotosatz zu günstigen Preisen anbieten. Computer-geschriebene Vorlagen, die mit einem guten PC-Drucker hergestellt wurden, tun es jedoch für den Anfang auch.

Eine kleine Zeichnung, eine Vignette oder eine humoristische Karikatur erhöhen die Aufmerksamkeit des Empfängers Ihrer Angebote. Sie können diese Schwarz-Weiss-Illustrationen zur Unterstreichung des Leitsatzes verwenden oder aber auf ein günstiges Angebot hinweisen lassen.

Nach dem Motto: "Ein Bild sagt mehr als tausend Worte" können natürlich auch Abbildungen der angebotenen Produkte aufgenommen werden.

In Bürofachgeschäften gibt es übrigens unter der Bezeichnung "Abreibebuchstaben" eine größere Angebotspalette, die auch Vignetten aller Art enthält. Aufgeklebt kommen diese Buchstaben und Illustrationen im Offset-Druck recht gut heraus.

Dort, wo es sich um Artikel handelt, die voraussichtlich längere Zeit im Angebot bleiben werden, ist zu überlegen, ob eventuell Prospekte im Vierfarbendruck hergestellt werden können. Natürlich sind die Kosten erheblich höher als bei ein- oder zweifarbigem Offsetdruck.

Das Neuheiten- & Trendartikelgeschäft

Manche Firmen bieten auch eigene Angebotsprospekte entweder zum Selbstkostenpreis oder gar völlig kostenlos an. Diese Prospekte sollten neutral gehalten sein, so dass Sie lediglich Ihren Stempel mit der Bestelladresse einfügen und die Kunden ihre Aufträge an Sie richten.

Ein sehr wichtiger Faktor beim Postversand ist das Gewicht. Die schönsten Prospekte, selbst wenn sie kostenlos zu haben wären, verursachen vermeidbar hohe Kosten, wenn sie zu schwer sind.

Wollen Sie nur einen einzelnen Artikel vorstellen, genügt in den meisten Fällen ein einfaches DIN A 4-Blatt. Drei davon erreichen in der Regel gerade erst ein Gewicht von etwa 20 g. Wird teures Kunstdruckpapier verwendet, geht es meistens über 20 g und erhöht somit die Portokosten erheblich.

Besonders zu Anfang werden solche scheinbaren Kleinigkeiten oftmals unterschätzt. Nicht der Drucker oder die Post soll in erster Linie an Ihren Prospekten verdienen, sondern Sie. Wählen Sie daher am besten ein nicht zu schweres Papier für Ihre Prospekte, das aber gegebenenfalls auch zweiseitig bedruckt werden kann. Hier erweist sich 80 g-Schreibmaschinenpapier als am geeignetsten.

Haben Sie die Texte sauber mit dem Computer geschrieben, prüfen Sie, ob der Text auch auf die Hälfte verkleinert noch wirkt und gut lesbar ist. Mit einem gängigen Textverarbeitungsprogramm dürfte das kein Problem sein.

Hüten Sie sich davor, sogenannte "Augenschindertexte" herzustellen, bei denen durch nochmalige Verkleinerung der Empfänger Ihrer Zeilen nichts mehr lesen kann oder eben nur mit großer Mühe.

Umstritten ist die Frage, ob man seinen Werbesendungen Rückumschläge beifügen soll. Zweifellos ist es von Vorteil, wenn der

Das Neuheiten- & Trendartikelgeschäft

Kunde seine Bestellung nur in einen vorgefertigten Umschlag zu stecken und in den Briefkasten zu werfen braucht.

Wie bei der Wahl der Prospekte ist aber darauf zu achten, dass durch einen bedruckten Rückumschlag die Gewichtsklasse nicht überschritten wird und Sie beispielsweise für einen beigefügten Umschlag noch einmal 30 Cent Porto je Brief extra bezahlen. Verschicken Sie nur einen oder höchstens zwei Prospekte, ist noch Luft für einen Rückumschlag. Wollen Sie aber drei Prospekte an den Mann bringen, genügen meistens vorgedruckte Bestellscheine, die vom Prospekt abgetrennt werden können.

Solche Bestellscheine sollte jeder Prospekt enthalten. Darauf wird dann nur angekreuzt, welche Artikel der Kunde wünscht, wie er bezahlen möchte, wie er heißt und wo er wohnt. Je einfacher Sie es den Leuten machen, um so mehr Bestellungen werden bei Ihnen eingehen. Muss ein Interessent erst lange Texte schreiben oder von sich aus die gewünschten Artikel in einem Brief bezeichnen, neigt er dazu, die Sache auf die lange Bank zu schieben, bis er sie schließlich ganz vergisst.

Rückumschläge können besonders dann sinnvoll sein, wenn der Kunde bei Ihnen eine Bestellung aufgibt. Bei der Ausführung dieser Bestellung fügen Sie dann einen mit Ihrer Anschrift versehenen Umschlag bei, so dass er Sie möglichst bald wieder mit seinen Aufträgen beehrt.

Nachdem Sie in Ihrer Angebotspalette einige gute Produkte getestet haben, erhebt sich vielleicht die Frage, ob Sie sich nicht doch einen richtigen Katalog Ihrer Waren zusammenstellen sollten. Wie bereits erwähnt, ist das eine kostspielige Angelegenheit. Selbstverständlich kann man all seine Angebote zunächst als eine nach und nach umfangreicher werdende Broschüre vorstellen, die noch immer in Offset gedruckt wird.

Wer etwas Ähnliches wie die Versandhauskataloge herstellen will, kann sich am Anfang vielleicht damit behelfen, dass er einen "Karten-Katalog" erstellen lässt. Hierzu werden von den interessanten Produkten Fotos hergestellt, mit entsprechendem Preis und einer Bestellnummer versehen und in Postkartengröße gedruckt. Die Rückseite des Angebots ist gleichzeitig Bestellkarte mit Ihrer aufgedruckten Anschrift und ausreichendem Raum für die Absenderangabe.

Haben Sie beispielsweise 10 Produkte in Ihrem Angebot, lassen Sie 10 solcher einzelner Postkarten anfertigen, zusammenleimen und mit Perforation versehen. Interessiert sich nun der Kunde für eines Ihrer Produkte, trennt er die betreffende Karte ab, schreibt seinen Absender darauf und schickt sie ein.

Für mehrere Artikel wird entweder ein zusätzlicher Bestellschein oder eine weitere Karte beigefügt. Ein solcher Kartenkatalog, wie er bereits von mehreren Versandhäusern verwendet wird, hat den Vorteil, dass er zum einen nicht so teuer ist wie ein mehrseitiger Foto-Katalog, und zum anderen lassen sich die Angebote auch leicht auswechseln, ohne dass gleich mehrseitige Druckarbeit (mit den entsprechenden Druckkosten) anfallen müsste.

Hat sich die Erstinvestition für Werbung und Angebot erst einmal amortisiert, wird sich später auch die Herstellung eines richtigen Versandhauskataloges verkraften lassen.

6.10 Kostenlos und effektiv werben!

Da staunen Sie! Selbst heute noch – wo man normalerweise für alles bezahlen muss – kann man Werbung für sich und sein Unternehmen machen, die keinen Cent kostet und trotzdem tausende Menschen erreicht. Man muss nur wissen, wie es gemacht wird.

Manche behaupten sogar, kostenlose Werbung sei die beste Werbung – weil sie eben nicht sofort als herkömmliche Werbung zu erkennen ist. Auf jeden Fall sollten Sie diese Werbeformen für Ihre Produkte in Anspruch nehmen, denn je mehr Menschen Ihre Ware kennen, desto mehr werden Sie verkaufen.

Hier also unser ausführlicher Exkurs zum Thema „kostenlose Werbung":

Werbung kann sehr kostspielig sein. Doch ohne Werbung kann in der freien Wirtschaft kein Geschäftsmann auf einen grünen Zweig kommen. Also beisst er in den sauren Apfel und investiert einen Teil des Verdienstes in Werbemassnahmen.

Was jedoch nur wenige wissen: Es gibt viele Wege und Möglichkeiten, auch ohne zu bezahlen - natürlich ganz legal - sich dem kaufinteressierten Publikum zu präsentieren. Man muss nur erst dahinterkommen, wie das funktioniert.

Viele Hersteller und Versandunternehmen machen bereits seit Jahren regen Gebrauch von verschiedenen Möglichkeiten, gratis oder fast kostenlos zu werben und sparen dadurch manchen Tausender am Werbe-Budget ein. Das können auch Sie. Was Sie hierzu tun müssen, wollen Ihnen die kommenden Seiten verraten.

6.10.1 Kostenlose Zeitungswerbung

Haben Sie ein nützliches Produkt oder eine Dienstleistung anzubieten, für die Sie sich ein grosses Kundeninteresse ausrechnen? Dann können Sie in vielen landesweit verbreiteten Zeitungen und Zeitschriften kostenlose Redaktionsvorstellungen erhalten.

Diese Besprechungen oder Präsentationen haben dazu noch den Vorteil, dass sie oft viel wirkungsvoller und erfolgreicher sind als bezahlte Inserate in der gleichen Publikation, für die Sie pro Spalte einige hundert Euro hinblättern müssten. Diesen freien Werberaum erhalten Sie durch die einfache Zusendung einer Produktbeschreibung (mit Foto) und möglichst eines Musters an

Das Neuheiten- & Trendartikelgeschäft

den zuständigen Redakteur der betreffenden Zeitung oder Zeitschrift.

Die Vorstellung sollte also in Form eines Briefes erfolgen, mit dem Sie dem Verleger oder Redakteur etwas über Ihr Produkt erzählen und um redaktionelle Vorstellung und Besprechung in seiner Publikation bitten.

Studieren Sie hierzu die Rubriken und Neuheiten-Sparten der ausgewählten Blätter und stimmen Sie Ihre Selbstdarstellung darauf ab. Lassen Sie sich erst ein Exemplar der betreffenden Zeitungen oder Zeitschriften zuschicken oder erwerben Sie eines am Kiosk. Dadurch erfahren Sie (im Impressum) gleich den Namen des zuständigen Redakteurs bzw. der Redakteurin und können Ihr Anschreiben gleich zu deren Händen senden.

Dabei ist darauf zu achten, dass Sie Ihr Schreiben auf gedrucktem Briefkopf (auf einem Geschäftsbriefbogen) verfassen, der auch die volle Anschrift und Ihre Telefonnummer enthält. Letzteres ist deshalb so wichtig, weil die Bezugspersonen der Verlage lieber schnell mal zum Telefon greifen als lange Briefe diktieren.

Versuchen Sie, alle wichtigen Details zu Ihrem Produkt oder der angebotenen Dienstleistung in den ersten 3 bis 5 Zeilen unterzubringen. Redakteure haben selten Zeit und lesen nicht gerne lange Briefe. Vermeiden Sie umständliche, geschraubte Sätze und beschränken Sie den Text nach Möglichkeit auf eine beschriebene DIN A4-Seite.

Verwenden Sie bei der Beschreibung keine Superlative und heben Sie Ihr Produkt nicht in den Himmel. Wenn es wirklich so toll ist wie Sie glauben, sollten Sie das den Redakteur anhand der sachlichen Darstellungen in den Unterlagen selbst herausfinden lassen.

Das Neuheiten- & Trendartikelgeschäft

Er wird seinen Lesern ohnehin nur das präsentieren, was von ihm für gut befunden wird. Recht nützlich kann Ihre Bitte sein, das Produkt bzw. die Dienstleistung zunächst einmal unverbindlich zu testen, um sich von der Richtigkeit Ihrer Beschreibung zu überzeugen.

Lassen Sie durchblicken, dass Sie für Präsentations- oder Verbesserungsvorschläge zugänglich sind. Ebenso wird der Hinweis positiv empfunden, dass Sie den Käufern ein Rückgaberecht einräumen, sofern diese nicht völlig zufrieden sind. Die Zeitungsleute möchten ihre Leser weitgehend abgesichert wissen und wollen natürlich nichts vorstellen, was auch nur den Anschein haben könnte, nicht seriös oder empfehlenswert zu sein.
Folgender Mustertext ist - in jeweils etwas abgewandelter Form - als erste Anregung für ein solches Anschreiben gedacht:

Ihr gedruckter Firmen-Briefkopf mit Name, Anschrift und Telefon-Nummer

Redaktion

Haushalt und Wirtschaft

Abt. Neuheiten

Im Wiesengrund 111

22222 Klein-Hamburg   Datum

PRESSEMITTEILUNG

Das Neuheiten- & Trendartikelgeschäft

Betrifft: Küchenwunder

Sehr geehrte Damen und Herren,

"Küchenwunder" ist ein neues Haushaltsgerät, das - obwohl klein und handlich - der Hausfrau viel Arbeit abnimmt. Durch seine sicher unter schlagfestem Kunststoffgriff gelagerten Rotormesser kann es Kartoffeln, Karotten und Äpfel schälen. Dreht man das Gerät um, findet sich auf der Rückseite eine Vorrichtung, mit der sich mühelos Flaschen, Dosen und Gläser öffnen lassen.

"Küchenwunder" ist dank seiner patentierten Magnethalterung überall an der Wand zu befestigen und somit jederzeit griffbereit. Das Gerät wird in einem eleganten Klarsichtetui geliefert. Der günstige Preis: EUR 19,90 + Versandkosten. Rücknahme bei Nichtgefallen. Zu beziehen bei Krämer GmbH, Postfach 3333, 12345 Markthausen.

Für eine redaktionelle Vorstellung in der nächstmöglichen Ausgabe Ihrer Publikation bedanken wir uns im voraus.

Mit freundlichen Grüssen

Krämer GmbH

Abt. Mail Order

H. Wartmann

Anlagen:

Prospektmaterial mit Foto + 1 Musterexemplar "Küchenwunder"

Das Neuheiten- & Trendartikelgeschäft

Manche Verlage begrüssen vorgefertigte Texte, um dadurch eigene Satzarbeit zu sparen. Auch überregionale Anzeigenblätter veröffentlichen manchmal Neuheiten und Produktbeschreibungen. Das geschieht besonders dann, wenn gleichzeitig ein ordentliches Inserat in dem Blatt aufgegeben wird.

Sobald eine Zeitschrift Ihren Beitrag gebracht hat, können Sie die gedruckte Veröffentlichung Ihren Verkaufsunterlagen gewissermassen als Werbemittel beifügen.

Hier einige Beispiele von Zeitschriften, die ständig oder von Zeit zu Zeit Informationen über neue Produkte, Bücher, Dienstleistungen usw veröffentlichen. Einige davon akzeptieren nur solche Angebote, die zum inhaltlichen Stil der Zeitschrift passen (z.B. Heimwerkerblätter: neue Werkzeuge, Hilfsartikel für Selbermacher usw).

In Deutschland verbreitete Zeitschriften:

Auf einen Blick

Bauer-Verlag, Burchardstr. 11, 20095 Hamburg (Allgemein)

Bella

Bauer-Verlag, Burchardstr. 11, 20095 Hamburg (Frauen)

BILD am Sonntag

Kaiser-Wilhelm-Str. 6, 20355 Hamburg

(Allgemein/Unterhaltung)

BILD der Frau

Kaiser-Wilhelm-Str. 6, 20355 Hamburg (Frauen)

Das Neuheiten- & Trendartikelgeschäft

Bild + Funk

Burda-Verlag, Arabellastrasse 23, 81925 München

(Rundfunk/Fernsehen)

Bildwoche

Springer-Verlag, Kaiser-Wilhelm-Str. 6, 20355 Hamburg

(Allgemein)

Brigitte

Verlag Gruner + Jahr, Warburgstr. 50, 20354 Hamburg

(Frauen)

Bunte

Burda-Verlag, Arabellastrasse 23, 81925 München

(Allgemein /Unterhaltung)

Echo der Frau

Adlerstrasse 22, 40211 Düsseldorf (Frauen)

Fernsehwoche

Bauer-Verlag, Burchardstr. 11, 20095 Hamburg

(Rundfunk/Fernsehen)

Freundin

Burda-Verlag, Arabellastr. 23, 81925 München (Frauen)

Funk Uhr

Kaiser-Wilhelm-Str. 6, 20355 Hamburg

(Rundfunk/Fernsehen)

Das goldene Blatt

Scheidtbachstr. 23, 51469 Bergisch-Gladbach (Frauen)

Heim und Welt

Am Jungfernplan 3, 30171 Hannover

(Allgemein/Unterhaltung)

Hörzu!

Springer-Verlag, Kaiser-Wilhelm-Str.6, 20355 Hamburg

(Rundfunk/Fernsehen)

Journal für die Frau

Kaiser-Wilhelm-Str. 6, 20355 Hamburg (Frauen)

Das Neue Blatt

Bauer-Verlag, Burchardstr. 11, 20095 Hamburg

(Frauen/Unterhaltung)

Neue Post

Bauer-Verlag, Burchardstr. 11, 20095 Hamburg

(Frauen/Allgemein)

Neue Revue

Bauer-Verlag, Burchardstr. 11, 20095 Hamburg

(Unterhaltung)

rtv - radio + television

Das Neuheiten- & Trendartikelgeschäft

Breslauer Str. 300, 90471 Nürnberg (Rundfunk/Fernsehen)

Selbermachen

Jahreszeiten-Verlag, Possmoorweg 5, 22301 Hamburg

(Heimwerker)

Stern

Verlag Gruner + Jahr, Warburgstr. 50, 20354 Hamburg

(Allgemein/Unterhaltung)

Tina

Bauer-Verlag, Burchardstr. 11, 20095 Hamburg

(Frauen/Mode)

TV-Hören und Sehen

Burchardstr. 11, 20095 Hamburg (Rundfunk/Fernsehen)

Welt am Sonntag

Kaiser-Wilhelm-Str. 6, 20355 Hamburg

(Allgemein/Unterhaltung)

Suchen Sie sich weitere geeignete Zeitschriften, insbesondere Branchenzeitschriften, für Ihre Publikationen aus. Stöbern Sie durch das grosse Angebot an Kiosken. In diesen Zeitschriften finden Sie nicht nur die komplette Adresse der Redaktion, sondern auch gleich die Namen der Redakteure.

6.10.2 Werden Sie selbst Verleger!

Als Herausgeber einer eigenen kleinen Zeitschrift (Werbe- oder Anzeigenblatt) haben Sie die Möglichkeit einer Gratisvorstel-

Das Neuheiten- & Trendartikelgeschäft

lung durch einen kostenlosen Eintrag im STAMM-Leitfaden für die Pressewerbung (STAMM-Verlag, Goldammerweg 16, 45134 Essen) und im Pressetaschenbuch (Kroll-Verlag, Postfach 1153, 82229 Seefeld). Fordern Sie von den o.a. Anschriften Eintragungsformulare an und senden Sie diese mit Ihren Daten versehen und einem Muster Ihrer Publikation zurück.

Sobald Sie einmal in den Adresswerken aufgeführt werden, erhalten Sie jährlich neue Vordrucke zugesandt. Beide Bücher haben ein ganzes Jahr lang Werbewirksamkeit und werden von einigen tausend Personen gelesen. Weitere Adress- und Fachadressbücher finden Sie in dem etwa 150 Seiten starken "Offiziellen Verzeichnis der bei den Mitgliedern des Verbandes Deutscher Adressbuchverleger e.V. erscheinenden Adressbücher". Es ist kostenlos anzufordern beim Verband Deutscher Adressbuchverleger e.V., Ritterstrasse 17-19, 40213 Düsseldorf, Telefon (0211) 32 09 09

Wenn Sie in einem oder mehreren der Adressbücher aufgenommen sind, erhalten Sie sehr schnell auch Eintragungsangebote anderer Verlage. Das gilt sogar für einige internationale Ausgaben wie das grosse US-Werk: "Ulrich's International Periodicals Directory" (R.R.Bowkers Division of Reed Publishing, USA, 245 West 17 Street New York, NY.10011, USA). Dieses Mammutwerk wird von Bibliotheken, Verlagen, Werbeagenturen und Geschäftsleuten auf der ganzen Welt verwendet.

Sofern Sie noch keine eigene Publikation z.B. in Form einer Kundenzeitschrift herausgeben, sollten Sie eine solche aber einmal näher ins Auge fassen, da Sie dadurch manche kostenlose Werbung erreichen. Solch ein Blatt muss nicht aufwendig sein und braucht auch keine Auflage von zig- tausend Exemplaren.

Schon eine über Kopierer vervielfältigte Kundenzeitschrift, in der Mitteilungen des Hauses erscheinen oder Kundenzuschriften

Das Neuheiten- & Trendartikelgeschäft

publiziert werden, erfüllt ihren Zweck. Auch Zusammenstellungen, die nur einmal im Jahr erscheinen, werden akzeptiert.

Wählen Sie einen aussagekräftigen Titel, der die Leser auf Ihre Angebote neugierig macht und möglichst schon eine Werbezeile darstellt. Anfragen beantworten Sie sofort mit einer Gratisnummer, in der u.a. dann zudem Ihre Produktofferten zu finden sind.

Des weiteren können Sie Ihre Angebote als "Pressedienst" anpreisen und auf Anfrage verschicken. Sofern Sie nützliche Informationen liefern, laufen solche Blätter unter der Bezeichnung "Fachpublikationen". Im STAMM gibt es dafür eine besondere, gern gelesene Sparte.

Daneben werden alle Publikationen und Bücher usw. in der zentralen Archivbibliothek gespeichert. Anschrift: Deutsche Bibliothek, Zeppelinallee 4-8, 60325 Frankfurt, Telefon (069) 7566-1. Von dort bekommen Sie eine ISSN- oder ISBN-Nummer.

6.10.3 Lukrativer Anzeigentausch

Sobald Sie ein Kundenblatt herausbringen, können Sie mit anderen Herausgebern ähnlicher Blätter Anzeigenraum tauschen. Das heisst - Sie bieten den Verlagen kostenlose Aufnahme einer Anzeige in Ihrem Blatt an und erhalten im Gegenzug die freie Veröffentlichung Ihres Textes in dem Partnerblatt. Wenn nur 10 Verleger Ihren Text bringen, sprechen Sie bei einer angenommenen Auflage von nur 1000 Stück je Tauschpartner immerhin 10.000 Leser an, die Sie sonst nie erreicht hätten.

Sie selbst brauchen für diesen Dienst lediglich eine 1/4- oder 1/2-Seite Ihres Anzeigers zu opfern. Voraussetzung zum Funktionieren des Tausches ist natürlich unbedingte Seriosität auf beiden Seiten. Deshalb werden Sie um Zusendung der mit Ihrem Anzeigentext erschienenen Zeitschriftenausgabe bitten und an-

Das Neuheiten- & Trendartikelgeschäft

dererseits den Tauschverlagen die Ausgaben Ihres Blattes mit der Gegenwerbung senden.

Selbstverständlich will ein Verlag mit einer Publikationsauflage von 10.000 Exemplaren nicht unbedingt mit einem tauschen, der knapp 1000 Exemplare unters Volk bringt. Dann drucken Sie eben 2 Anzeigen des Grösseren gegen eine Anzeige von Ihnen - dem Beginner. Vornehmlich kleinere Verlage sind des öfteren an Anzeigentausch interessiert und in Amerika inserieren auf diese Weise einige tausend Kleinverleger gemeinsam.

6.10.4 Drehen Sie an der Werbespirale!

Ebenfalls mit nur wenig Aufwand lässt sich die sogenannte Werbespirale betreiben. Sie besteht aus einem DIN A4-Blatt, das Sie (beispielsweise) in zehn gleichgrosse Felder von je 4,5 x 9,5 cm Grösse unterteilen. In jedes Feld wird ein Anzeigentext getippt oder geklebt. Am Kopf des Blattes schreiben Sie eine Erklärung, wie diese kostenlose Gemeinschaftswerbung funktioniert. Sie lautet etwa folgendermassen:

DIE WERBESPIRALE - Der legale Weg zum Erfolg!

Zusammenarbeit ist besser als Konfrontation. Nutzen Sie deshalb die Chance einer völlig kostenlosen Anzeigenwerbung!

Kleben Sie Ihren Anzeigentext anstelle des hier durchgekreuzten und streichen Sie selbst das nachfolgende Inserat aus. Fertigen Sie nun eine beliebige Anzahl Kopien dieser Vorlage an (per Fotokopierer, Druck usw.) und fügen Sie diese Ihren Aussendungen bei.

Wenn Ihre Aktion nur 5 Nachahmer findet, die ihrerseits wieder so verfahren, bleibt Ihr Inserat für zehntausende Leser erhalten. Sofern die Texte etwas unleserlich geworden sind, schreiben Sie sie bitte neu oder fordern Sie von Ihrer Zusenderadresse bessere Druckvorlagen an. Die Teilnahme an der Werbespirale ist völlig freiwillig, kostenlos und verpflichtet Sie zu nichts. Jeder Mitwerber ist für seinen Anzeigentext selbst verantwortlich.

Nun lassen Sie sich 1000 oder mehr Exemplare dieser Anzeiger drucken oder vervielfältigen sich eine beliebige Anzahl mit dem Fotokopierer. In die acht Felder setzen Sie zum Anfang zwei Inserate von Ihnen und einige von Firmen, die mit einer solchen Erst-Gratiswerbung einverstanden sind.

Alsdann werden die Blätter an Inserenten aus Werbe- und Handelsblättern geschickt, die einmal ihrerseits die Sache weiterführen, oder aber zumindest Ihre Werbung lesen. Statistisch gesehen würden bei nur 5 Teilnehmern je Aussendung innerhalb kurzer Zeit über 8 Stationen der wechselnden Felder 9.765.625 Personen erreicht. In der Praxis wird man jedoch wohl kaum über die 5. oder 6. Station hinauskommen, was aber auch noch 3.125 oder gar 15.625 Exemplaren entspricht.

Genau besehen, ist die Werbespirale eine Art Kettenbrief, der aber - da kostenlos, freiwillig und unverbindlich - niemandem schadet und als eine Art Werbegemeinschaftsaktion zu verstehen ist. Wenn Sie zudem Ihre Aussendungen an Ihnen bekannte oder interessierte Personen tätigen, kann sich auch niemand belästigt fühlen. Das trifft besonders auf Inserenten zu, die ja ohnehin Zuschriften auf ihre Veröffentlichungen erwarten.

6.10.5 Kostenlose Prospektwerbung mit Provisions-Prospekten

Dies ist eine Methode, Ihre Direktwerbekosten stark zu senken oder durch andere Anbieter ganz bezahlen zu lassen.

Mit "Provisions-Prospekten" sind Prospekte anderer Firmen gemeint, die Sie unter Ihren Kunden verteilen und aus den daraus resultierenden Umsätzen Sie Provisionen kassieren. Das heisst also, dass Ihnen von einigen Firmen Prospekte zur Verfü-

Das Neuheiten- & Trendartikelgeschäft

gung gestellt werden, bei denen Sie nur Ihren Namen einstempeln müssen, um nach Versand derselben bei Eingang von Bestellungen Ihre "Provision" zu kassieren.

Nehmen wir folgendes Beispiel: Sie fordern von der Firma X ca. 1000 kostenlos abgegebene Provisions-Prospekte an. Nach Erhalt derselben setzen Sie in das dafür vorgesehene freie Feld Ihren Stempel mit Adresse ein und verschicken die 1000 Prospekte an Ihre Kunden.

Bei eingehenden Bestellungen - per Sofortkasse - nehmen Sie Ihre Provision ab (z.B. 50%) und schicken den Auftrag mit Restbetrag und Kundenanschrift an die Firma, die Ihnen die Prospekte schickte. Diese liefert die per Prospekt georderte Bestellung entweder an Sie oder - falls Sie Empfänger- und Ihren Adressaufkleber mitschickten - direkt an Ihren Kunden aus.

Wenn alles korrekt verläuft, haben Sie bei dieser auf dem sogenannten Dropshipping basierenden Methode mit den Provisions-Prospekten ein einfaches Geschäft getätigt, das sich - wenn der Kunde zufrieden war - mehrmals wiederholen lässt. Dadurch bauen Sie sich einen Kundenstamm auf und Ihr Lieferant macht durch mehrmalige seriöse Auslieferung längerfristige Umsätze mit Ihnen.

Wo liegt nun Ihr Nutzen bei dieser Methode? Ganz einfach: Mit den "Provisionen", die Sie auf diese Umsätze erhalten, können Sie Ihre Direktwerbung finanzieren. Es gibt Firmen, die ihre Werbekosten durch die Provisionen aus solchen "Verbundwerbungen" komplett bezahlen können.

Je mehr solcher Prospekte Sie bekommen, desto grösser werden Ihre Chancen, damit gutes Geld zu verdienen. Wenn Sie von 10 verschiedenen Firmen deren Prospekte zu verschicken haben, kann es bereits lohnend sein, dafür eine Kleinanzeige in einem geschäftlichen Werbeblatt (Handels-Magazin oder Zentralmarkt usw.) aufzugeben.

In den USA und Kanada nennt man solche Angebote "Big Mails", das heisst, alle so erhaltenen Kleinprospekte werden in einen Umschlag gesteckt und als "grosse Post" (Big Mail) offeriert. Die Zusendung der Angebote wird entweder kostenlos oder gegen Portoerstattung (in der Regel $ 1.00) vorgenommen. Die Interessenten für solche Big Mails sind dann meistens auch Besteller und spätere Kunden.

Wie und wo bekommt man nun solche "kostenlose" Provisions-Prospekte? Da gibt es zwei Wege: Entweder man schreibt die Anbieterfirmen an, die man sich aus entsprechenden Publikationen herausgesucht hat, oder man lässt sich selbst als Suchender für solche Prospekte auflisten. Es gibt da einige Direktmarketing Publikationen im deutschsprachigen Europa, die Ihre Adresse unter einer geeigneten Rubrik auf laufender Basis veröffentlichen.

Noch ansprechender wirkt, wenn Sie anbieten: "Wir verschicken Ihre Prospekte kostenlos!" Dadurch entsteht der Eindruck, dass Sie nicht etwas wollen, sondern anzubieten haben. Dabei geht man von der Überlegung aus, dass viele Prospektversender gegen einen Unkostenbeitrag auch fremde Prospekte Ihren Aussendungen beilegen. Die Kosten für 1000 DIN A4-Prospekte liegen bei etwa EUR 50.--.

6.10.6 Ideen zur Verbreitung von Werbemedien

Der einfachste Weg, Werbeprospekte kostenlos unters Volk zu bringen, ist, sie eigenhändig oder zusammen mit der Familie in die Briefkästen der Umgebung zu stecken. Sofern Sie zum Selbstkostenpreis drucken (lassen) können, ergibt sich daraus die Möglichkeit, den Werbe-Kunden, von denen Sie Provisions-Prospekte verteilen, nicht nur einen preiswerten Druck, sondern zudem sogar die Verteilung von deren Prospekten anzubieten.

Das Neuheiten- & Trendartikelgeschäft

Wenn Sie sich sogar als Vermittler für den Druck der Kundenprospekte einschalten, druckt die Druckerei Ihre Prospekte evtl. günstiger oder sogar kostenlos. Wenn Sie zudem Ihren Verteil-Kunden zwischen 20.- und 40.- EUR pro Tausend Stück Verbreitung ihrer Prospekte berechnen, können Sie Ihre eigenen Prospekte gleichzeitig kostenlos verteilen.

Wollen Sie nicht nur Hausbewohner, sondern Geschäftsleute und Wiederverkäufer erreichen, stehen Sie sich besser, wenn Sie Ihre Verteilung auf Fachmessen und Handelsausstellungen vornehmen. Zur Kostenersparnis wird die Verteilung vor den Toren der Messehallen durchgeführt. Ausserdem sollten Sie Werbematerial in den Hotels und auf den Parkplätzen hinterlegen.

Zur Deckung Ihrer Unkosten können Sie Ihre Verteilerdienste Firmen gegen bar (per Inserat) anbieten und dann die eigenen Prospekte gleich mitverteilen.

6.10.7 Gratiswerbung im Ausland

In den USA und dem englischsprachigen Ausland wachsen jeden Monat Kleinanzeiger aus dem Boden, deren Herausgeber Inserenten und Beziehern suchen. Als Anreiz und zum Füllen der ersten Seiten werden den neuen Kunden nicht selten kostenlose Testinserate angeboten. Wenn dazu der Anzeigenauftrag noch aus dem Ausland kommt, wird das für den Herausgeber gern als "Aushängeschild" für die Beliebtheit seines Blattes und dessen Seriosität angesehen.

Interessante Angebote für kostenlose Insertion oder das Versenden von Prospekten finden sich - in englischer Sprache - unter anderem in folgenden Publikationen:

Popular Advertiser

993 Meadowlawn Drive, Salem, OR 97301, USA

Das Neuheiten- & Trendartikelgeschäft

USA Mail Sale Advertiser

828 Fullerton Ave., Chicago, IL 60614, USA

Canadian Mail Advertiser

90 Earl Street, Hamilton, Ont., Canada

Fordern Sie von dort zunächst ein Probe- oder Musterexemplar an. Ihr Schreiben sollte mit gedrucktem Briefkopf erfolgen und etwa folgendermassen (oder ähnlich) lauten:

Ihr gedruckter Firmen-Briefkopf mit Name, Anschrift und Telefon-Nummer

(Name und Adresse des Empfängers)

Dear Sirs,

We have taken notice of your special publication (Name der Publikation).

Please send us a sample copy together with your conditions for annual subscription and advertising.

Thank you for your prompt reply.

Yours faithfully

(Unterschrift)

Zu deutsch heisst das etwa:

Sehr geehrte Herren,

Das Neuheiten- & Trendartikelgeschäft

---

wir haben Kenntnis erhalten von Ihrer Zeitschrift (Name der Zeitschrift).

Bitte senden Sie uns ein Musterexemplar mit Ihren Konditionen für ein jährliches Abonnement und Anzeigenwerbung zu.

Danke für Ihre umgehende Antwort.

Mit freundlichem Gruss

Zur besseren Beachtung macht es sich gut, wenn Sie einen Internationalen Antwortschein (erhältlich an jedem Postschalter) beifügen. Schicken Sie dann Ihren Brief möglichst per Luftpost an die besagten Adressen.

Nach Erhalt der Hefte und Anzeigenblätter werden Sie an die hundert interessante Angebote finden, von denen sicher einige kostenlose Insertion oder Prospektversand anbieten.

Sollten Ihnen die angegebenen Adressen nicht genügen, suchen Sie sich Anbieter von "Big Mails" heraus. Diese Firmen schicken Ihnen für 1 Dollar einen grossen Umschlag zu, der mit Kleinanzeigern, Flugblättern, Zeitschriften und Prospekten vollgestopft ist.

In diesen "Big Mails" finden Sie in der Regel weitere Publikationen, die Sie mit dem o.a. Text ebenfalls anfordern können. Bitten Sie gleichzeitig oder bei einer zweiten Zuschrift um die Aufnahme Ihrer beigefügten Gratisanzeige zu Testzwecken. Weisen Sie darauf hin, dass Sie erwägen, bezahlte Inserate zu schalten, wenn der Erfolg akzeptabel ist. Der Text könnte etwa folgendermassen lauten:

Das Neuheiten- & Trendartikelgeschäft

Ihr gedruckter Firmen-Briefkopf mit Name, Anschrift und Telefon-Nummer

(Adresse des Empfängers)

Dear Sirs,

If possible, please run the following ad-text in the next issue of your publication.

As soon as reasonable results come in, we're willing to continue advertising at your regular ad-rates. Thank you!

Greetings

(Unterschrift)

Zu deutsch heisst das:

Sehr geehrte Herren,

wenn möglich, veröffentlichen Sie bitte den folgenden Anzeigentext in der nächsten Ausgabe Ihrer Publikation. Sobald sich erste ernstzunehmende Resultate einstellen, sind wir gern bereit, Inserate zu den regulären Anzeigenpreisen aufzugeben.

Vielen Dank!

Freundliche Grüsse

(Unterschrift)

Danach müsste dann Ihr Text (natürlich in englischer Sprache) erscheinen, der aber nicht mehr als 30-40 Worte umfassen sollte. Überlegen Sie genau, was Sie anbieten wollen und wählen Sie

Das Neuheiten- & Trendartikelgeschäft

eine markante und kurze Erläuterung. Wägen Sie jedes Wort genau ab.

Falls Sie Tausch, nämlich Anzeigenraum gegen Prospektversand, wünschen, fügen Sie unter Ihrer Adresse den Hinweis (PIMAS) oder (PIM-300) an. In der US-Werbesprache bedeutet das: P = please, I = insert, M = my, A = ad, S = send all your circulars for free mailing. Zu gut deutsch etwa: "Bitte veröffentlichen Sie mein Inserat und senden Sie Ihre Prospekte zum freien Versand durch mich."

Können oder wollen Sie nur eine bestimmte Menge zum kostenlosen Versand bzw. Tausch übernehmen, schreiben Sie (PIM-300) oder eine andere Zahl als akzeptierte Prospektmenge. Bei gewünschtem Anzeigentausch setzen Sie an das Ende Ihres Inserats (PIM-X-Ad).

Das heisst: Bitte bringen Sie mein Inserat und senden Sie mir Ihr Austauschinserat zur freien Veröffentlichung in meinem Blatt. Der Buchstabe X steht dabei für Tausch (exchange). Wenn Sie statt Inserate Prospekte tauschen wollen, gilt der Hinweis: (X-100-500) = senden Sie 100-500 Prospekte zum Tauschversand.

Heisst es (X-100-500-9x12), will man andeuten, dass man Prospekte in der Grösse 9x12"(inch) d.h. DIN A4-Prospekte tauschen will. Meistens werden jedoch kleinere Mails getauscht (3x6) oder (6x9). Wie schon erwähnt, geschieht die Sache auf Vertrauensbasis und wird meistens von kleineren Versandfirmen und Verlagen angeboten und durchgeführt.

Sofern Sie bereit sind, für die von Ihnen angebotenen Artikel eine Vermittlungsprovision zu gewähren (englisch: commission), erreichen Sie in den meisten Fällen eine 100%ige Aussendung. Die Abrechnung der "commission" geschieht dadurch, dass der Aussender von den eingehenden Bestellungen seine

Das Neuheiten- & Trendartikelgeschäft

Provision einbehält und den Restbetrag + Bestelleradresse zur Direktauslieferung (drop-shipping) an Sie gibt.

Da Sie erst dann etwas liefern, wenn Sie Vorkasse erhielten, ist diese Form des Prospektversands für Sie ebenfalls kostenlos. Dennoch sollte man zur Durchführung dieser Tauschpraktiken sich etwas in der englischen Sprache auskennen.

6.10.8 Telefonwerbung

Abgesehen davon, dass Telefon-Direktwerbung seit einigen Jahren in unserem Land nahezu verboten ist, kosten lange Telefonate viel Geld. Anders sieht es aus, wenn Sie einen automatischen Anrufbeantworter als nützlichen Helfer einsetzen.

Besprechen Sie ein Band mit Ihren Angeboten und bringen Sie sodann Kurzinformationen, einen "Witz der Woche" oder ähnliches darauf unter. Geben Sie am Schluss des Bandes Ihre Adresse und Rufnummer an, unter der Sie für Bestellungen zu erreichen sind.

Sofern dieser Service in Ihrem Ort nicht bereits an anderer Stelle besteht, kann es lohnend sein, ihn der Presse bekannt zu machen und damit eine Gratis-Vorstellung zu erreichen. Ansonsten können Sie den Info-Dienst kurz im Telefonbranchenbuch oder mit einer Zeile in Tages- und Wochenzeitschriften erwähnen.

Damit der Reiz erhalten bleibt, sollten Sie mindestens einmal im Monat (besser wäre wöchentlich) die Infos erneuern. Sobald die ersten Informationen abgerufen wurden, wird man Ihre Telefonnummer als "Geheimtipp" empfehlen und Ihr Anrufbeantworter hat ständig zu tun. Wählen Sie deshalb ein robustes und bewährtes Markengerät und ein nicht zu langes Band aus, da der Text möglichst oft hintereinander laufen soll.

Damit Sie nicht etwa Ihren normalen Telefonanschluss blockieren, brauchen Sie für den werbenden Anrufbeantworter unbedingt einen zweiten Anschluss. Um die Kosten für diesen Zweitanschluss hereinzubekommen, bieten einige Firmen anderen Unternehmen sogar bezahlten Anzeigenraum auf ihren Werbebändern an. Allerdings muss man bei einem 3-5 Minuten langem Band schon gut überlegen, wie man Information, Werbung und Adresse zügig und doch verständlich spricht und so verteilt, dass möglichst viele Anrufer "hereinhören" können.

6.10.9 Werbung per CD-ROM

Je nach Art und Umfang der Informationen lassen sich auf einer herkömmlichen CD-ROM mehrere tausend DIN A4-Seiten Text speichern. Das ergibt viel Raum für Werbemitteilungen.

Teilen Sie den Redaktionen überregionaler Zeitschriften und Computer-Publikationen mit, dass Sie auf Anfrage kostenlos (oder gegen einen Unkostenbetrag von 2.- EUR) eine CD mit interessanten Geschäftsideen, Witzen, Kuriositäten oder Insider-Informationen verschicken. Notfalls geben Sie hierfür ein kleines Inserat auf.

Offerieren Sie als nächstes Geschäftsleuten aller Branchen preiswerten Anzeigenraum auf den von Ihnen verschickten CD´s. Sofern Sie glaubhaft nachweisen können, dass für die "CD-Zeitung" eine rege Nachfrage besteht (und dem ist wirklich so), werden sich bald Interessenten finden, die auf diese Weise ein weitgehend noch unbekanntes Werbemedium nutzen wollen.

Interessenten sind besonders Anbieter von Bürogeräten, Einrichtungen, Fachbüchern und artverwandten Produkten. Wenn von hundert angesprochenen Firmen zunächst nur zehn einen Versuch wagen, kommen Sie bei einem Seitenpreis von 50.- EUR immerhin auf 500.- EUR Einnahmen und können dafür bereits einige hundert CD´s und Versandtaschen finanzieren.

Schreiben Sie nun einen 30 bis 50 Seiten umfassenden Text, der aus Insider-Tipps, Bürosprüchen, Witzen oder Einkaufsadressen besteht und setzen Sie Ihre Werbung, sowie die Ihrer Auftraggeber dazwischen. Sobald die Interessenten die aufgeführten Texte und Informationen lesen, werden sie auch die Werbung zur Kenntnis nehmen.

Im Laufe der Zeit können Sie auf diese Weise eine richtige CD-Zeitung mit einem vielseitigen Angebotsprogramm aufbauen. Solche "Software" wird bereits von mehreren Verlagen im Abonnement herausgegeben, aber je mehr die Zahl der Eigner von Computern zunimmt, desto mehr Chancen bestehen für Sie, sich mittels der so angebotenen CD´s werbemässig weiter auszubreiten und kostenlose Eigenwerbung zu betreiben. Allein im deutschsprachigen Raum stehen bereits etwa 75 Mio. PC´s.

Um die Eigenkosten in Grenzen zu halten, empfiehlt es sich, die CD´s gleich in grösseren Stückzahlen beim Grosshandel einzukaufen. Dabei stehen die Datenträger ohne Namen (noname) den Markenprodukten kaum nach und werden sogar mit einer entsprechenden Garantie angeboten. Kostenersparnis: bis zu 200% pro Stück.

6.10.10 Werben durch Empfehlungen

Die beste kostenlose Werbung besteht noch immer in der lobenden Empfehlung durch zufriedene Kunden. Diese, auch als "Mund-zu-Mund-Werbung" bekannt gewordene Form der Reklame, können Sie dadurch unterstützen, dass Sie Ihre Kunden, die Personen nämlich, die auf Sie aufmerksam machen, mit einer kleinen Vergütung bedenken, die in einem besonderen Buch, einer Abonnementsverlängerung oder einem Sachpreis bestehen kann.

Achten Sie jedoch darauf, dass Sie bei Ihren Formulierungen keine "Gratis"-Dinge offerieren, da das z.B. in Deutschland je nach Formulierung, gegen das Rabatt- oder Wettbewerbsgesetz verstossen kann. Ziehen Sie im Zweifelsfall also am besten einen Anwalt oder Werbeberater hinzu.

Sehr ertragreich werden Empfehlungen, wenn sie von öffentlichen Stellen, wie etwa Gesundheits- und Umweltämtern, Verbänden und Organisationen herausgegeben werden. Prüfen Sie deshalb, ob Ihr Produkt möglicherweise eine Hilfe für Behinderte, Blinde, alte oder junge Menschen darstellt, ob es besonders sicher im Umgang oder umweltfreundlich ist.

Ähnliches gilt für Bewertungen, wie "Spiel gut" oder gar ein "Sehr gut!" oder "Gut!" von der in Berlin ansässigen Stiftung Warentest. Desgleichen ist es bares Geld wert, wenn Zeitschriften oder Fernseh- und Rundfunk-Moderatoren eine Ware oder Dienstleistung als empfehlenswert einstufen.

Vertreiben Sie ein Buch, das den Lesern spezielle Informationen über Steuer-, Miet- und Hausrecht, Gesundheits- oder Familienfragen gibt? Für solche Fachgebiete findet sich ein Amt oder eine Interessengemeinschaft, die dafür kostenlose Empfehlungswerbung machen kann.

Haben Sie etwas über Altersfragen zu sagen, dann schreiben Sie an die "Grauen Panther" und stellen Sie sich und Ihr Produkt oder Ihre Dienstleistung den Leuten vor. Sind Ihre Informationen eher für Familien, dann kann das für Familienministerien der Länder, Jugendämter und die entsprechenden Verbände interessant sein.

Der Autor gab vor Jahren seinen ersten "Deutschen Versand-Einkaufsführer" mit ca. 1800 deutschen Versandfirmen und ihren Erzeugnissen heraus. Die dafür aufgewendete Anzeigenwerbung brachte zunächst nur einen mässigen Erfolg. Nach der zweiten und erweiterten Auflage (2200 Anschriften und Daten), sandte er das Werk an eine grössere Publikation, die es den Lesern empfahl. Darauf kamen einige hundert Bestellungen.

Man muss die richtigen Ansprechpartner nur aufspüren und dann auch ansprechen. Manchmal klappt es erst beim zweiten oder dritten Versuch. Wenn die Empfehlung aber erst mal läuft, ist sie nicht mehr aufzuhalten.

6.10.11 Kostenlose Werbung in Rundfunk und Fernsehen

Trotz der horrenden Preise für eine Minute Radio- oder gar Fernsehwerbung, gibt es doch einige Möglichkeiten, auch über Funk und Fernsehen kostenlose Werbung zu betreiben. Denken Sie nur an Sendungen wie "Was bin ich?", bei der jedesmal einige Personen vorgestellt werden, die einen originellen Beruf ausüben. Der Zustrom von Aufträgen nach einer solchen Sendung nimmt für die Vorgestellten regelmässig stark zu.

Daneben gibt es Radio- und Fernsehsendungen für Verbraucher, Hausfrauen, Autofahrer, Senioren usw. bei denen laufend Bücher, Produkte aller Art, Dienstleistungen usw. vorgestellt werden. Gedacht sei hier beispielsweise an Ausstrahlungen wie "Markt" oder „ARD-Ratgeber".

Privatsender, wie RTL oder SAT1 machen manchmal sogar bereits in den ersten Stunden des Tages im Frühstücksfernsehen in Vorstellungen verschiedener Art Werbung für Produkte oder Dienstleistungen. Ausserdem existieren in einigen Großstädten Kabel-, Hotel- und Krankenhaus-Sender mit einem reichhaltigen Programm für die Bewohner und Insassen.

Die Zahl der spezialisierten Anbieter wird in den nächsten Jahren mit dem Ausbau der Digitalnetze noch weiter steigen. Zum Teil leben solche Sendungen auch von der Vorstellung neuer und interessanter Produkte. Diese werden dann mit den Angaben über die Lieferfirmen in Listenform zusammengestellt und den Zuhörern und Zuschauern kostenlos, z.B. über Videotext oder Internet angeboten.

Das Neuheiten- & Trendartikelgeschäft

Einige solcher Listen sind schon über 100'000 mal angefordert worden. Stellen Sie sich vor, wenn auch I h r Name auf einer solchen Liste steht.

Haben Sie ein ausgefallenes Hobby, eine Entdeckung gemacht, etwas erfunden oder eine besondere Sammelleidenschaft, die Sie einem breiten Publikum mitteilen wollen? Schreiben Sie an die Sender und beliefern Sie sie mit Mustern Ihres Könnens.

Sobald sich Personen für eine Kontaktaufnahme melden, können Sie denen auch Ihre kommerziellen Angebote unterbreiten. Manche Betreiber kurioser Geschäftsideen und seltener Unternehmen sind schon in die Studios eingeladen worden. Dabei ist es ähnlich wie mit einer Vorstellung in einem Adressbuch, hat Sie erst einmal einer entdeckt, werden Sie in der Regel ohne Ihr Zutun "weitergereicht".

Natürlich soll bei solchen Veranstaltungen keine "Schleichwerbung" gemacht werden, aber schon die angegebene Adresse genügt oftmals, um eine Anfragenlawine "ins Rollen" zu bringen. Wirklich schwierig ist nur der erste Schritt.

Nachfolgend die wichtigsten Anschriften öffentlich-rechtlicher und privater Radio- und Fernsehsendeanstalten:

ARD (Programmdirektion)

Arnulfstr. 42, 80335 München, Tel. (089) 59 00 01

Bayerischer Rundfunk

Rundfunkplatz 1, 80335 München, Tel. (089) 59 00 01

Süddeutscher Rundfunk (SDR)

Neckarstr. 230, 70190 Stuttgart, Tel. (0711) 28 81

Südwestfunk (SWF)

Das Neuheiten- & Trendartikelgeschäft

Hans-Bredow-Strasse, 76530 Baden-Baden, Tel. (07221) 276-1

Hessischer Rundfunk (HR)

Bertramstr. 8, 60320 Frankfurt, Tel. (069) 1551

Westdeutscher Rundfunk (WDR)

Appellhofplatz 1, 50667 Köln, Tel. (0221) 22 01

Radio Bremen (RB)

Bürgerm.-Spitta-Allee 45, 28329 Bremen, Tel. (0421) 246-0

Norddeutscher Rundfunk (NDR)

Rothenbaumchaussee 132, 20149 Hamburg, Tel. (040) 41 31

Sender Freies Berlin (SFB)

Masurenallee 8-14, 14057 Berlin, Tel. (030) 30 31-0

ZDF

Essenheimer Landstrasse, 55128 Mainz, Tel. (06 31) 701

SAT1

Hegelstrasse 61, 55122 Mainz, Tel. (061 31) 38 00

RTL

Aachener Str. 1036, 50858 Köln, Tel. (0221) 489 50

Pro 7

Leopoldstr. 145, 80804 München, Tel. (089) 360 80 60

Sky Channel

Das Neuheiten- & Trendartikelgeschäft

Centaurs Business Park, Grant Way, Off Syon Lane, Middlesex TW7 5QD, England. Telefon (00441) 30 00

TV 5

78, Avenue Raymond Poincaré, F-75116 Paris, Frankreich

Deutschlandfunk

Raderberggürtel 40, 50968 Köln, Tel. (0221) 345-1

Deutsche Welle

Raderberggürtel 50, 50968 Köln, Tel. (0221) 38 90

RIAS-Berlin

Kufsteiner Str. 69, 10825 Berlin, Tel. (030) 8503-0

AFN (amerikanisch)

Bertramstr. 6, 60320 Frankfurt, Tel. (069) 151-61 01

BFBS (britisch)

Parkstrasse 61, 50968 Köln, Tel. (0221) 37 69 90

FFB (französisch)

Kurt-Schumacher-Damm, 13405 Berlin, Tel. (030) 418 17 50

BBC (deutsches Programm)

Savignyplatz 6, 10623 Berlin, Tel. (030) 31 6773

RTL

Parc Municipal, L-2850 Luxemburg 1002, Tel. (00352) 13 31

Radio Nederland

Das Neuheiten- & Trendartikelgeschäft

Postbus 10, NL-1200 JB Hilversum, Niederlande

Österreichischer Rundfunk (ORF)

Würzburggasse 30, A-1136 Wien

Schweizer Radio- und Fernsehgesellschaft (SRG)

Fernsehstr. 1-4, CH-8052 Zürich, Schweiz

Danmarks Radio

Rosenoerns Allee 22, DK-1999 Kopenhagen V, Dänemark

Antenne Bayern

Münchner Str. 20, 85774 Unterföhring, Tel. (089) 95 99 9-0

RPR

Turmstrasse 8, 67059 Ludwigshafen, Tel. (0621) 590 00 35

RSH

Funkhaus Wittland, 24109 Kiel, Tel. (0431) 587 00

Radio Hamburg

Speersort 10, 20095 Hamburg, Tel. (040) 339 71 40

Radio FFN

Dorfstrasse 2, 30916 Isernhagen KB, Tel. (05139) 80 80 0

Radio in Berlin

Kurfürstendamm 65, 10707 Berlin, Tel. (030) 88 42 87 10

Regionale Fernsehsender

Erste Private Fernsehgesellschaft

Das Neuheiten- & Trendartikelgeschäft

Amtsstr. 5-11, 67059 Ludwigshafen

Evangelisches Fernsehen

Birkerstrasse 22, 80636 München

Film, Musik und Video

Kaiserdamm 7, 14057 Berlin

German Television News

Winsstr. 15, 10405 Berlin

Kabel-Media-Programmgesellschaft

Bahnhofstr. 33, 85774 Unterföhring

Lokalsender Berlin

Movie Channel KG, Lietzenburger Str. 44, 10789 Berlin

Media Vision

Babelsberger Str. 37, 10715 Berlin

Media Vision

Südliche Ringstrasse 195, 63225 Langen

Movie Channel 1

Lichtenbergerstr. 10, 67059 Ludwigshafen

PAN-TV Produktion

Arabellastrasse 23, 81925 München

Satellite Television

Sky Channel, Kaiserstr. 11, 60311 Frankfurt

Das Neuheiten- & Trendartikelgeschäft

6.10.12 Werbung auf Anschlagtafeln

Früher war es Mode, Mitteilungen, An- und Verkaufsanzeigen wild an Bäumen, Zäunen und Hauswänden anzubringen, um Passanten auf sich aufmerksam zu machen. Das ist heute weitgehend untersagt und wird gar als Umweltbeschmutzung geahndet.

Dennoch können Sie mit Anschlagwerbung kostenlos werben, wenn Sie ein eigenes Grundstück besitzen oder das eines Bekannten, Freundes oder der Eltern benutzen dürfen. Besonders vielversprechend ist es, wenn das betreffende Grundstück an einer belebten Strasse mit grossem Passantenaufkommen liegt.
Sofern Sie kein eigenes Grundstück haben oder kostenlos für Ihre Zwecke bekommen können, sprechen Sie mit anderen Hausbesitzern und Geschäftsinhabern, um an deren Wänden, Zäunen oder Schaufenstern Ihre Offerten anzubringen. Vereinbaren Sie nach Möglichkeit Gewinnbeteiligung oder - wenn das nicht akzeptiert wird - eine günstige Monatsmiete für die benötigte Fläche.

Bewährt haben sich kleine Pappkärtchen im Format DIN A6 oder A7, auf denen mit dem PC die jeweiligen Angebote und Nachfragen geschrieben und auf eine Tafel gepinnt bzw. geklebt werden. Zum Schutz gegen die Witterung versieht man diese Holz- oder Kunststofftafeln mit einer Plastikfolie oder gleich mit einer richtigen Scheibe und verschliessbarem Türrahmen.

Um Ihre Platzmiete wieder hereinzubekommen, gewähren Sie den Passanten gegen eine kleine Gebühr von 5 bis 10 EUR pro Inserat und Woche/Monat ebenfalls die Veröffentlichung ihrer Wünsche. Bei nur 20 Inserenten zu je EUR 5,-- bekommen Sie immerhin 100 EUR als Miete herein, während Sie Ihre eigenen 3-5 Inserate kostenlos aufhängen.

Je mehr Anzeigenkästen Sie in der Stadt anbringen, desto grösser wird Ihr eigener Gewinn aus der Werbewirksamkeit und dem Anzeigengeschäft. Damit schlagen Sie gleich zwei Fliegen mit einer Klappe.

Besonders in Kur- und Ferienorten, wo die Gäste viel Zeit und Musse zum Wandern und Promenieren haben, rentiert sich die Anschlagtafelwerbung bestens. Doch auch in Grossstädten mit einem regen Geschäftsstrassenbetrieb kann diese Werbeform zur Goldgrube werden. Sofern Sie an den Tafeln noch kleine Schuber befestigen, in denen Prospekte zum Entnehmen deponiert werden, erhalten Sie eine weitere gute Chance, sich ohne Verteilerkosten dem Publikum zu präsentieren.

6.10.13 Nutzen Sie auch das Auto als Werbemedium

Jeder Autohändler, der Ihnen einen neuen Wagen verkauft, benutzt Sie auch gleich als Werber für sein Geschäft. Sie fahren seine Plakette mit Adresse und Rufnummer, fest an Ihrem Fahrzeug angebracht, spazieren und überall, wo Sie das Auto abstellen, kann man diese Reklame lesen. Warum wollen Sie nicht mal für sich selbst mit Ihrem Wagen Werbung machen?

Keine Angst, dazu brauchen Sie das Fahrzeug weder umzuspritzen, noch den teuren Lack zu beschädigen. In jedem grösseren Ort gibt es Geschäfte, die Ihnen Schilder liefern, die magnetisch an der Karosserie des Autos haften. Schauen Sie im Telefon-Branchenbuch (Gelbe Seiten) nach unter "Schilder". Eine Direktlieferadresse finden Sie mit der Kasper & Keller GmbH, Postfach 1221, 79224 Umkirch, Telefon (07665) 7007.

Nun können Sie entweder Ihre Werbetexte, Firmenadresse usw. direkt auf Seiten und Dach anbringen, oder aber mittels Magnethalterung einen einfachen Entnahmebehälter für Prospekte befestigen. Aus dieser, zur Fussgängerseite hin befindlichen

Das Neuheiten- & Trendartikelgeschäft

Box, Tasche oder Plastiktüte dürfen die Passanten sich jeweils ein Prospekt entnehmen.

Statt Magnethalterung können Sie auch Saugnäpfe verwenden, mit deren Hilfe der Prospektebehälter an der Aussenscheibe des Fahrzeugs befestigt wird. Während Sie nun in der Stadt an einer möglichst belebten Strasse parken, werden die Passanten mit Ihren Angeboten bedacht. Um die Hemmschwelle weitgehend abzubauen, können Sie noch einen Pfeil anbringen, der auf das Behältnis hinweist und zur Entnahme auffordert.

Gleichzeitig oder separat lässt sich zudem eine Anschlagtafel anhängen, auf der Ihre und fremde Werbetexte angebracht wurden (siehe unter "Anschlagtafeln"). Da Ihr Auto Ihr spezielles Eigentum ist, benötigen Sie auch kein anderes Grundstück mehr. Wohl müssen Sie darauf achten, dass gewisse Parkvorschriften nicht übertreten und natürlich die Parkzeit nicht überschritten wird.

Hat Ihr Fahrzeug eine längere Zeit an einem Platz gestanden, bringen Sie es danach an eine andere Stelle. Die Werbewirksamkeit wird noch erhöht, wenn Sie statt des normalen PKWs einen 10-Personen-Bus verwenden, den Sie ringsum - nach dem Abstellen - mit mehreren Werbetafeln bestücken. Sofern Sie dabei auf einem Parkplatz stehen und nicht etwa den fliessenden Verkehr gefährden, bestehen keine Bedenken.

Allerdings sollten Sie, wenn Sie besondere Aufbauten, Figuren und Formen in Ihre Werbung mit einbeziehen wollen, vorher sicherheitshalber das Strassenverkehrsamt dazu befragen.

Werbung auf Firmen- und Lieferfahrzeugen ist ein alter Hut. Neu dürfte jedoch bei uns der Gedanke sein, auch einmal das Autodach mit Werbung zu beschriften. Dadurch können aus dem Fenster schauende Mitbürger schnell mal eine Information aufnehmen und die dazugehörende Telefonnummer - für detaillierte Offerten - aufschreiben.

Das Neuheiten- & Trendartikelgeschäft

Wo immer es sich machen lässt und es erlaubt ist, können Sie sich mit Ihrem Auto an belebten Plätzen postieren und im Kofferraum mitgeführte Handzettel verteilen. Auf Messen, Verbraucherausstellungen, Jahrmärkten und dergleichen findet sich in den meisten Fällen auch ein geeignetes Plätzchen, wo Sie einen Klapptisch hinstellen dürfen, um von dort aus Ihre Werbung unters Volk zu bringen.

Besonders werbeträchtig ist die Benutzung eines speziellen Fahrzeugs für die hier aufgezeigten Möglichkeiten. So fällt beispielsweise ein guterhaltener Oldtimer aus dem Jahre 1950 mehr auf, als ein Mittelklassewagen der Gegenwart. In der Nähe von Köln wirbt ein Friseurbetrieb mit zwei fliederfarbenen Fahrzeugen, auf denen in goldener Schrift die Firmenangaben stehen. Der Wagen wird unter vielen hundert anderen Autos sofort erkannt und beachtet.

Andere Fahrzeuge wurden kunstvoll mit Gemälden verziert, die ebenfalls grosse Beachtung finden. Ein springender Tiger oder eine hübsche Pin-up-Blondine hebt solch einen Wagen sofort aus der Menge heraus. Wird dieses Gefährt dann auch noch mit Werbung nach dem oben aufgezeigten Muster ausgerüstet, geht kaum ein Strassenpassant daran vorüber. Solche "Visitenkarten" werden immer beachtet.

6.10.14 Zeitungen für kostenlose Privatanzeigen

In der Bundesrepublik Deutschland und im westlichen Ausland werden einige Dutzend Zeitschriften herausgebracht, in denen private Anbieter ihre Tausch-, An- und Verkaufsgesuche, Korrespondenzwünsche und dergleichen kostenlos aufgeben können. Dabei achten die Verleger natürlich peinlich genau darauf, dass sich nicht etwa auch gewerbliche Offerten dazwischen schmuggeln.

Das Neuheiten- & Trendartikelgeschäft

Aber mit etwas Überlegung kann man doch das eine mit dem anderen verbinden. So etwa, wenn Sie einen Tauschpartner für Briefmarken suchen und dann neben Ihrem durchaus auch privaten und seriösen Tauschangebot Briefmarken zum Kauf anbieten. Das klappt auch mit Büchern, Videokassetten, Schallplatten und anderen Artikeln. Wichtig ist eben nur, dass Sie neben der kommerziellen Absicht private Angebote unterbreiten können.

In folgenden Blättern können Sie kostenlose Privatanzeigen aufgeben:

Annonce

Hochstadenstr. 1-3, 50674 Köln, Tel. (0221) 21 76 11

Annoncen-Avis

Uerdinger Str. 124, 40474 Düsseldorf, Tel. (0211) 43 88

Annoncen-Avis

Eiffestrasse 76, 20537 Hamburg, Tel. (040) 25 75 75

Emm-Ess

Hörster Str. 21, 48143 Münster, Tel. (0251) 46 509

Findling

Heuduckstrasse 27, 66117 Saarbrücken, Tel. (0681) 58 46 051

Flohmarkt

Postfach 89, 72810 Gomaringen, Tel. (07056) 81 85

Der heisse Tip

Orffstrasse 7, 90439 Nürnberg, Tel. (0911) 65 87 898

Das Inserat

Das Neuheiten- & Trendartikelgeschäft

Waldstrasse 44, 60528 Frankfurt, Tel. (069) 67 60 07

Karlsruher Anzeiger

Postfach 41 05 45, 76137 Karlsruhe, Tel. (0721) 69 64 24

Kleinanzeiger

Postfach 411, 32657 Lemgo, Tel. (0526) 14 444

Der Kleinanzeiger

Postfach 2101, 37073 Göttingen, Tel. (0551) 48 45 24

Die Kleinanzeige

Postfach 1447, 37520 Osterode, Tel. (05521) 40 00

Marktplatz

Platenstrasse 14, 50825 Köln, Tel.(0221) 55 30 31

Münchner Basar

Postfach 40 12 61, 80637 München, Tel. (089) 18 11 11

Revier Markt

Postfach 10 20 06, 44793 Bochum, Tel. (0234) 189 88

Sperr Müll

Gaussstrasse 41, 68623 Lampertheim, Tel. (06206) 50 000

(Ausgaben in Heidelberg, Mainz, Mannheim und Wiesbaden)

Such & Find

Andernacher Str. 48, 56070 Koblenz, Tel. (0261) 8 11 10

Zweite Hand

Das Neuheiten- & Trendartikelgeschäft

Potsdamer Str. 70, 10785 Berlin, Tel. (030) 26 11 258

Zypresse

Engelbergerstr. 47, 79106 Freiburg, Tel. (0761) 28 12 51

Ausland:

Segundamano

Callao 1014, 1023 Buenos Aires, Argentinien

Primeiramao

Monteiro 949, 1441 Sao Paulo, Brasilien

Den Bla Avis

Melnungsgatan 6, DK-2200 Kopenhagen, Dänemark

Loot

24 Kilburn Road, GB-London NW6 5UJ, England

Porta Portese

Pro. Maggiore 95, I-00185 Roma, Italien

Secondamano

Rip. Ticinese 19, I-20143 Milano, Italien

The Bargain Finder

107 Avenue, Edmonton, Toronto T5H 0X6, Canada

The Bargain Finder

5901 Street, Calgary, Toronto T24 1K3, Canada

Das Neuheiten- & Trendartikelgeschäft

Buy & Sell

5791/3.R., Richmond, Vancouver V6X 2C9, Canada

Trade & Exchange

44 Mayfair Place, Auckland, Neuseeland

Wiener Basar

Postfach 1041, A-1041 Wien, Österreich

Inseraten-Markt

Sihlfeldstrasse 93, CH-8004 Zürich, Schweiz

Cerca & Trova

Via Vontebre 12, CH-6900 Lugano, Schweiz

Gula Tidningen

Hudiksvallsgatan 8, S-11 33 Stockholm, Schweden

Segundamano

Pso. Acacias 3, Valencia 583, E-Barcelona, Spanien

Damit die Herausgeber wenigstens am Kauf etwas verdienen, werden in den meisten Fällen nur kostenlose Anzeigen akzeptiert, wenn sie auf Bestellscheinen aus den jeweiligen Blättern erfolgen.

Folgende Publikationen bringen nur kostenlose Wohnungs- oder Verschenkanzeigen:

AZ-Andere Zeitung

Schleusenstr. 17, 60327 Frankfurt

Bremer Blatt

Das Neuheiten- & Trendartikelgeschäft

Humboldtstr. 56, 28203 Bremen

Guckloch

Schäferstrasse 10, 44623 Herne

Münchner Stadt-Zeitung

Münchner Freiheit 20, 80802 München

Plärrer/Stadtmagazin

Singerstr. 26, 90443 Nürnberg

Pupille

Ludwigstrasse 8a, 97070 Würzburg

De Schnüss

Wilhelmstrasse 3, 53111 Bonn

Stadt Revue

Zugweg 10, 50677 Köln

Tango, Hamburger Stadtillustrierte

Gr. Elbstrasse 84, 22767 Hamburg

Tip, Berlin-Magazin

Potsdamer Str. 89, 10785 Berlin

Der Tip

Daimlerstrasse 12, 57072 Siegen

Tips, Illustriertes Stadtmagazin

Strengerstr. 20, 33330 Gütersloh

Das Neuheiten- & Trendartikelgeschäft

Zitty, Illustrierte Stadtzeitung

Schlüterstr. 39, 10629 Berlin

Computer-Flohmarkt

Postfach 66, 75433 Maulbronn (Privat-Gratisinserate aus dem Bereich Computer, Hard- und Software etc.)

Einige der hier und früher aufgeführten Werbe-Publikationen enthalten u.a. auch Anschriften anderer Zeitschriften mit kostenlosem Anzeigenraum sowie Hinweise auf Einkaufsgemeinschaften, Verbraucherklubs und solche Vereinigungen, die sich gegebenenfalls für Ihre Werbung interessieren. Merke: Je mehr Kontakte Sie knüpfen, desto grösser wird das Netz derer, die Sie empfehlen und weitervermitteln können.

7. Die 7 Schritte zum Geld. Wie Sie in kürzester Zeit ein Top-Geschäft aufbauen

Nachdem wir nun alle wichtigen Schritte zu Ihrer Existenz durchgesprochen haben, könnte ich dieses Buch beenden. Doch ich möchte an dieser Stelle noch ein Kapitel anhängen. Und zwar ein Kapitel, dass ich bei vielen Fachbüchern vermisst habe.

Ein präziser, sofort durchführbarer Stufenplan, der noch einmal alle wichtigen Punkte aufgreift und diese in eine chronologisch richtige Reihenfolge bringt. Kurz gesagt, ein Plan, den Sie ganz einfach abarbeiten können und der Sie direkt zum Erfolg führt.

Genau das bekommen Sie hier. Der Stufenplan ist auf einen Zeitraum von ca. drei Wochen ausgelegt. Natürlich ist diese Zeit nicht allgemeingültig, denn Faktoren wie z.B. Waren-Lieferzeiten oder Kreditverhandlungen können sie individuell beeinflussen.

Es ist daher nicht schlimm, wenn es bei Ihnen ein paar Tage länger dauert. Ich kann Ihnen versichern: Sobald Sie den Plan vollständig abgearbeitet haben, werden Sie das erste Geld verdienen! Los geht´s – hier kommt der Plan:

Schritt 1 - Vorbereiten der Existenzgründung

In der ersten Stufe bereiten Sie alle Details für die Firmengründung vor. Dazu gehören:

- <u>Wahl der Rechtsform:</u> Wählen Sie die für Sie geeignete Firmen-Rechtsform aus. Wahrscheinlich wird nur eine

Einzelunternehmung oder GbR (Gesellschaft bürgerlichen Rechts) in Frage kommen.

- Businessplan: Falls Sie Kredite oder staatliche Zuschüsse in Anspruch nehmen wollen, brauchen Sie einen Businessplan. Besorgen Sie sich diesen wie beschrieben und passen ihn an Ihre Verhältnisse an.

- Kredite: Mit diesem Businessplan sollten Sie bei Ihrer Hausbank vorstellig werden und sich über die verschiedenen Möglichkeiten zur Kapitalbeschaffung (Kredite oder staatliche Fördermittel) beraten lassen. Übrigens: Ein guter Bankberater drängt Sie nicht zu einer Entscheidung, sondern lässt Ihnen genügend Bedenkzeit.

- Firmenname: Wie bereits beschrieben, haben Sie hier bei der Einzelunternehmung oder GbR keinen großen Freiraum. Dennoch sollten Sie sich überlegen, welchen Zusatz Sie eventuell zu Ihrem Namen wählen (Hans Müller Versand; Internethandel Hans Müller), da dieser bei der Gewerbeanmeldung angegeben werden muss.

- Bezeichnung der Tätigkeit: Auch diese muss bei der Anmeldung Ihres Gewerbes angegeben werden. Am besten, Sie überlegen sich mehrere Alternativen, falls der Beamte mit einer nicht einverstanden ist. Beispiele für Händler: „Handel mit erlaubnisfreien Waren aller Art", „Versandhandel über Internet", „Online-Versand für ..."

Schritt 2 – Die Gewerbeanmeldung

Wie bereits erwähnt, ist die Gewerbeanmeldung schnell erledigt. Gehen Sie zu Ihrer Stadt- bzw. Gemeindeverwaltung (evtl. vorher telefonisch nach Ort und Öffnungszeiten fragen), und sagen Sie dem Beamten, dass Sie ein Gewerbe anmelden möchten. Alles weitere wird der Sachbearbeiter Ihnen erklären. Vergessen Sie nicht, Ihren Personalausweis und ca. 20 – 40.- Euro Bargeld

Das Neuheiten- & Trendartikelgeschäft

mitzunehmen. Denken Sie auch unbedingt daran, das Gewerbe nicht rückwirkend anzumelden.

Schritt 3 – Kontakt zu Lieferanten / Warenbestellung

Nachdem die Gründungsformalitäten soweit geklärt sind, ist es nun an der Zeit, Kontakte zu Händlern bzw. Herstellern aufzunehmen und die ersten Waren oder Hilfsmittel für Ihr Geschäft zu bestellen.

Suchen Sie sich die gewünschten Unternehmen aus den beiliegenden Bezugsquellen oder dem Internet raus, Sie können zunächst mittels einer großen Internet-Suchmaschine nach entsprechenden Webseiten forschen. (im Verzeichnis sind keine URL´s angegeben, weil diese sich ständig ändern.)

Auch wenn Sie eine reine Dienstleistung anbieten, müssen Sie sich vorher mit den nötigen Büromaterialien und Hilfsmitteln wie z.B. Buchhaltungssoftware etc. eindecken. Dazu wenden Sie sich am besten an spezialisierte Versandhandelsunternehmen wie Viking, Office Discount oder Büro Plus. Die entsprechenden Internetadressen sind mit jeder Suchmaschine schnell zu finden. Generell müssen Sie bei diesen Firmen zunächst Ihren Gewerbeschein vorlegen, bevor Sie zu Händlerkonditionen einkaufen können.

Für alle, die Waren an Endkunden vertreiben gilt: Nachdem Sie sich mit den Lieferkonditionen des jeweiligen Händlers vertraut gemacht haben, können Sie mit dem Bestellen loslegen. Achten Sie aber darauf, keine zu große Anzahl eines Produktes zu bestellen, das ist zu risikoreich für den Anfang. Bestellen Sie lieber kleine Mengen von vielen verschiedenen Produkten. Sobald sich etwas gut verkauft, könne Sie immer noch größere Mengen nachbestellen. Achten Sie außerdem auf die Lieferzeiten, sie sollten nicht zu lang sein.

Schritt 4 – Vorbereiten Ihrer Angebote

Egal, ob Sie Dienstleistungen oder Produkte anbieten – die entsprechenden Angebote müssen Sie auf jeden Fall vorbereiten. Achten Sie dabei auf die Hinweise in Kapitel 4.

Für Dienstleister empfielt es sich, in Zusammenarbeit mit einer professionellen Werbeagentur ansprechendes Prospektmaterial erstellen und drucken zu lassen. Das ist gar nicht so teuer, wie es sich vielleicht anhört, macht sich aber auf jeden Fall bezahlt.

Verkäufer von Waren sollten auf jeden Fall Angebote vorbereiten, die daraufhin im Internet platziert werden. Aussagekräftige Angebotstexte und Artikelfotos bekommt man meistens vom jeweiligen Produkthersteller kostenlos gestellt. Also einfach mal nachfragen.

Wer seine Dienstleistung oder Ware in Wochenzeitungen oder speziellen Fachzeitschriften anbieten will, sollte sich mit der entsprechenden Anzeigenabteilung in Verbindung setzen. Dort erfahren Sie alles über die Preise und Möglichkeiten der Anzeigengestaltung.

Schritt 5 – Homepage / Webshop erstellen

Nachdem Ihre Angebote vorbereitet sind, können Sie sich daran machen, eine eigene Homepage und/oder einen Webshop zu erstellen. Nutzen Sie dabei die Links und Hinweise aus Kapitel 4.

Vergessen Sie nicht, nach getaner Arbeit Ihre Website bzw. den Shop in möglichst viele Suchmaschinen und Linklisten eintragen zu lassen. Mit den Artikelbildern für Ihren Webshop verfahren Sie genauso, wie in Schritt 4 beschrieben, dann sollte es keine Schwierigkeiten geben.

Wer sich die Arbeit sparen will, eine Homepage oder einen Shop selbst zu erstellen, kann das natürlich auch an einen entsprechenden Dienstleister abgeben. Die Preise sind oft erstaunlich günstig.

Schritt 6 – Weitere Werbemaßnahmen einleiten

Als frischgebackener und stolzer Besitzer einer Homepage mit Webshop sollten Sie weiter kräftig die Werbetrommel rühren, um einen großen Käuferkreis zu erschließen.

Nutzen Sie die Tipps und Hinweise zu Gratiswerbung und Direktmarketing. Sie brauchen für den Anfang natürlich noch keinen ganzen Katalog mit Ihren Waren oder Dienstleistungen zu erstellen. Ein einfaches Faltblatt reicht auch schon aus. Sie können Firmen ansprechen, die diese Werbeblätter zusammen mit den eigenen Sendungen verschicken. Natürlich können Sie sich auch selbst die Mühe machen und sie Blätter in Ihrer Stadt verteilen.

Wenn Ihr Geschäft ortsungebunden ist, besteht außerdem die Möglichkeit, Adressen bei einem Adressverlag zu kaufen und Ihre Angebote an diese zu verschicken.

Schritt 7 – Der Geschäftsalltag beginnt

Nun ist es soweit, der Geschäftsalltag kann beginnen. Stellen Sie sich zunächst auf einen großen Ansturm ein, das ist am Anfang fast immer so und wird sich nach einiger Zeit normalisieren.

Falls sich ein Produkt oder eine Dienstleistung nicht gut verkauft, sollten Sie eventuell das Angebot noch einmal überarbeiten und den Artikel vielleicht auch über andere Kanäle bewerben. Schauen Sie sich im Zweifelsfall auch um, ob ein Konkurrent in der Nähe ist, der billiger als Sie arbeitet bzw. anbietet.

Wenn der Verkauf gut läuft, denken Sie in jedem Fall daran, genügend Reserven für Steuern und Versicherungen zurück zu behalten, sonst könnt es bald ein böses Erwachen geben.

Das Neuheiten- & Trendartikelgeschäft

Jetzt bleibt mir nur noch, Ihnen VIEL ERFOLG bei allen zukünftigen Geschäften zu wünschen!

www.ingramcontent.com/pod-product-compliance
Lightning Source LLC
Chambersburg PA
CBHW031620210526
45464CB00004B/1665